Big Fat Cat and The MUSTARD PIE

Takahiko Mukoyama
Tetsuo Takashima
with studio ET CETERA

윌북

• 영어를 이해하는 데 굳이 번역문은 필요하지 않다는 저자의 뜻에 따라 우리말 해석을 싣지 않았습니다. 하지만
이 책을 다 본 후에 정확한 번역을 확인하고 싶다면 윌북 영어 카페에 들러주세요. 언제든 환영합니다.
cafe.naver.com/everville

ビッグ・ファット・キャットとマスタード・パイ
BIG FAT CAT AND THE MUSTARD PIE

Copyright ⓒ 2002 by Takahiko Mukoyama and Tetsuo Takashima

Korean translation copyright ⓒ 2014 by Will Books Publishing Co.
Korean translation rights arranged with GENTOSHA Inc.
through Japan UNI Agency, Inc., Tokyo and Korea Copyright Center, Inc., Seoul

이 책의 한국어판 저작권은 (주)한국저작권센터(KCC)를 통한
저작권자와의 독점계약으로 도서출판 윌북에 있습니다.
저작권법에 의해 한국 내에서 보호를 받는 저작물이므로 무단전재와 무단복제를 금합니다.

그 한 권의 책을 찾아서

영어를 처음 배우기 시작했을 때 기억나나요?
낯선 알파벳을 알게 되었을 때, 처음으로 혼자 영어 문장을 큰소리로 읽었을 때
정말 신기하지 않았나요?

그런데 영어 원서는 어떤가요?
한 번도 영어 원서를 끝까지 다 읽어본 적이 없다고요?
재미있는 동화나 판타지 소설도 원서로 읽으면 느낌이 더 생생하다던데, 해리
포터도 폼 나게 원서로 읽고 싶은데 모두 남의 얘기라고요?

영어가 줄줄이 써 있는 것만 봐도 이 책을 탁! 덮어버리고 싶다고요?
그렇다면 잠시만, 얘기를 나눠보죠.
이 순간이 여러분의 영어 운명을 바꿀 수도 있으니까요.

과연 읽기, 듣기, 말하기, 쓰기 중 가장 효과가 빠른 공부법은 무엇일까요?
감히 말씀드리지만, 영어는 '읽기'가 가장 중요합니다.
영어를 모국어로 쓰지 않는 한 듣기나 말하기부터 시작하기는 아무래도 무리죠.
오랫동안 영어를 가르쳐온 많은 선생님들 역시 영어 공부의 왕도로 '많이 읽는
것'을 꼽고 있습니다.

우선, 영어 문장에 익숙해지기 때문입니다. 좋아하는 음악을 반복해서 듣다 보면 자신도 모르게 멜로디가 외워지지요? 그와 같은 원리지요. 영어도 많이 읽을수록, 단어나 문법들을 따로 외우지 않아도 무의식 속에 자연스럽게 기억됩니다.

또 하나, 아는 만큼 들리고 아는 만큼 말할 수 있기 때문입니다. 의미도 모르는 단어들이 마구 쏟아져 나오는 소리는 소음에 불과합니다. 또 말하기를 하려면 문장 형태와 단어에 익숙해져야 하지요. 하지만 꾸준히 영어 문장을 접하다 보면 어느 순간 말문이 트여 영어가 입에서 절로 나오게 됩니다.

그런데 읽기라는 것이 막연히 도전한다고 해서 쉽게 되진 않지요. 막상 읽어보려 하면 뜻을 모르는 단어들도 많고, 개념을 이해하기도 어려운 문법들이 겁을 줍니다. 하지만 하나만 기억하세요. 번역가나 영어 학자가 아니라면 더 이상 영어를 해석할 필요가 없다는 것.

때론 단어를 모를 수도 있고, 명사나 동사, 형용사의 쓰임이 헷갈릴 수도 있어요. 하지만 그 문장의 내용을 느끼고 이해할 수 있다면 그걸로 된 겁니다. 정확한 우리말로 바꾸려고 굳이 애쓸 필요가 없다는 얘기지요.

그렇다면 어떻게 우리말로 해석하지 않고도 내용을 이해할 수 있을까요?

바로 영어의 구조를 알면 읽기가 쉬워집니다. 영어 문장의 구조란 A와 B의 몇 가지 관계로 압축되거든요. 복잡해 보이는 문장도 결국에는 A와 B라는 뼈대만 찾으면 이해가 됩니다. 이 방법을 알면, 읽기를 하는 데 가장 큰 걸림돌이 되는 문법이라는 문턱을 의식하지 않고 넘어갈 수 있게 됩니다.

이 책은 학습서가 아닙니다. 이야기 책이에요. 누구든 영어로 된 책 읽기에 익숙해지도록 하기 위한 준비서고, 동시에 우리말 해석에 기대지 않고도 내용을 즐길 수 있도록 구성한 '영어 이야기 책'입니다. 이 책에는 정답도 낙제도 나머지 공부도 없습니다. 중요한 건 내용을 즐기는 거죠. 그러니까 걱정 마시고 영어 자체를 즐겨주세요.

다만, 영어에 자신 없는 분들이라도 읽기가 가능하도록 몇 가지 장치를 해두었습니다. 우선 내용을 음미하는 데 단어가 걸림돌이 되지 않게 조금 어려운 단어에는 바로바로 의미를 달아두었습니다. 그리고 영어 문장의 구조를 한눈에 알아볼 수 있도록 해놓았습니다.

되풀이하지만 영어의 구조란 이 책의 48~49쪽에 나와 있는 것처럼 A와 B의 몇 가지 관계로 요약할 수 있습니다. 이 구조를 가지고 본문의 문장들을 하나하나 해설해놓았어요. 혹 해설을 봐도 이해 안 가는 부분이 있겠지만, 눈 딱 감고 그냥 넘어가세요. 완벽하게 이해하기보다는 전체 이야기를 즐기는 것이 더 중요하니까요.

자, 이제 여러분의 영어를 변화시킬 첫 책을 만날 차례입니다.

그런데 마지막으로 남는 문제가 있다면 어떤 책을 읽어야 하는가가 그것이지요. 술술 읽힐 정도의 책들은 내용을 이미 다 아는 너무 쉬운 어린이용 동화책이거나 학습서라 재미없고, 내용이 풍부한 청소년 소설들은 두세 줄도 못 가서 막히기 십상이지요. 어쩌다가 재미있어 보이는 소설이다 싶어 큰 맘 먹고 읽기에 도전해보아도 내용은 모르겠고, 영어만 간신히 따라 읽다가 포기하는 경우가 허다하지요.

평소에 관심 있어 하던 이야기를 하는 데다 나와 난이도도 딱 맞는 책을 만난다면, 특별히 힘을 들이지 않아도 즐기면서 영어책을 읽을 수 있을 텐데요. 재미와 감동을 느낄 수 있는 영어 읽기란 정말 불가능할까요?

사실 자신에게 맞는 '최초의 영어책 한 권'을 만나기란 무척 어려운 일이지요. 하지만 포기하진 마세요. 왠지 편하게 읽히는 책! 신기하게도 영어라는 느낌이 전혀 들지 않는 책! 이처럼 자신에게 딱 맞는 책이 반드시 어딘가에는 있을 테니까요.

이제부터 시작되는 Big Fat Cat 시리즈는 여러분에게 영어 읽기의 기쁨을 줄 '최초의 한 권'이 되어줄 거예요.

지금까지는 상상도 못했던 드넓은 세계가 여러분을 기다리고 있습니다. 그곳에서 여태 만나보지 못한 다양한 사람들과 들어보지 못한 다양한 이야기를 만나게 될 것입니다. 앞으로 몇 년이 흐르고 영어가 비로소 능숙해졌을 때, 이 책을 떠올리며 모든 것이 이 책과의 만남에서 비롯되었다고 회상할 날이 오기를 간절히 바랍니다.

자! 이제 출발할까요? 부디 즐겁고 행복한 여행이 되시길.

Takahiko Mukoyama · Tetsuo Takashima · studio ET CETERA

Big Fat Cat and the Mustard Pie

세계 어느 나라에 가든, 작은 마을이란 다 비슷비슷하죠.

유명하진 않아도 맛이 일품인 식당.
화려하진 않아도 좋은 물건을 파는 시장.
그리고 풍족하진 않아도 행복한 사람들.

어디에나 있는, 그런 평범한 마을……
에버빌에 오신 여러분을 환영합니다!

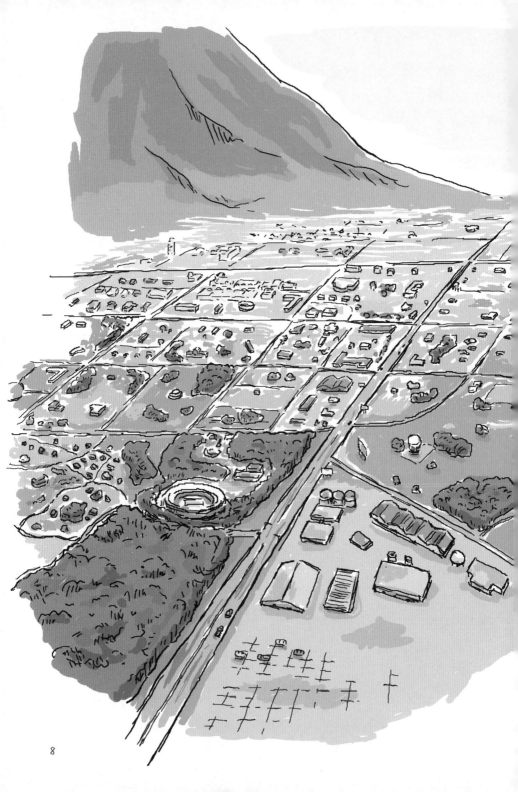

This is the small town of Everville. It is a middle-class town located on a mountainside.

Roughly, eight thousand people live here, work here, study here and sleep here...

9

On the eastern side of this town, there is a small
shopping mall. Most of the shops in the mall have
closed down a long time ago.

The name of the shopping mall, "Outside Mall," is
a very apt name. It used to be one of the biggest malls
in Everville, but the center of town moved away several
decades ago.

It isn't planning to come back.

The only stores still open are Eat & Enjoy (an old cafeteria), Style Council[의원회] (a barbershop[이발소]) and Pie Heaven (a pastry[패스트리] shop). There was also a used bookstore (The Bookworm), but it moved out last month.

The owner of the pastry shop is Ed Wishbone,
a young man who loves to bake pies. He came to
Everville six months ago and started his shop here.

Ed used to be a businessman in the big city but decided to pursue his dream of owning a bakery.

He used to dream about standing in his own bakery baking delicious blueberry pies. His dream had come true.

Only it wasn't like what he had imagined.

"Cat! Oh, no! You did it again!!"

Today, as always, was a slow day. It was an hour after lunchtime, but only four customers had shown up. Only two bought pies. Business was not taking off. In fact, it was about to crash land.

BIRTHDAY
PIES
AVAILABLE

"Where are you!? Get out of here! I told you not to eat these pies!!"

Slow business was not Ed's only problem. There was another one.

A big and fat one.

Ed sighed and leaned weakly on the showcase.

It had been three weeks since he decided to live with the cat. He fed the cat three times a day, sometimes four or five times a day, but it kept stealing pies whenever he was away from the shop. The cat always stole the blueberry pies. This was very bad because they sold the best.

Ed's bakery was losing a lot of money. The cat needed a lesson.

Ed thought for a few minutes.　Was there a way to teach it?

Words meant [의미하다] nothing to it.　It was too fast for Ed to catch so he could not punish [벌하다] it.

Perhaps he should stop baking blueberry pies.

No.　That would hurt [상처 입히다] his business even more.

"Think, Ed!　Think!"　Ed told himself.

And suddenly [갑자기] he came up with an idea.

FRAGILE
· LE WITH CARE

Yesterday, Ed had made hot dogs for lunch, and the
Big Fat Cat came to the table as usual. Ed gave the cat
a hot dog without thinking. The cat bit into it, cried
out, and ran into the kitchen. Completely surprised,
Ed went after the cat and found it in the kitchen sink. It
was drinking water like crazy.

After thinking for a while, Ed finally realized what
had happened. The mustard on the hot dog had done
the damage. The cat seemed to hate spicy foods.

When Ed woke up today, he found the yellow
mustard bottle squashed flat.

"So you hate mustard, eh?" Ed grinned and went
shopping.

A while later, he returned from the supermarket with
a great big bucket of mustard. He went to the kitchen
and got to work immediately.

An hour later, Ed finished making a huge piecrust.
He searched for the cat but it was nowhere around.
So Ed slowly opened the big bucket of mustard and
poured it into the piecrust. It was an incredible amount
of mustard. It was probably enough to cover a hundred
hot dogs. Maybe more. If there was a lethal amount
for mustard, this was way beyond it.

Trying hard not to laugh, Ed carefully spread a layer
of blueberries on top of the pie. This way, the cat would
think it was a blueberry pie. Boy! The cat was in for
the surprise of its life.

Ed placed the diabolical mustard pie where he
usually set blueberry pies and waited for the cat to come.
Ed imagined what would happen and could hardly keep
from laughing. This will teach the cat a lesson for sure.

Ed went into the kitchen and waited for another
hour. Two hours went by, but still no cry from the cat.
Ed started to worry. What if the mustard pie was really
dangerous? What if the cat went into shock after taking
a bite?

Ed thought about this, and realized that he had done
a cruel thing. He got to his feet and started to run into
the shop when he noticed the cat was sleeping under his
chair.

"Cat! You smart thing! You didn't eat the pie!
Good for you!"

Ed smiled in relief. The cat just frowned because
dinner was late.

Just then, the front door opened.

A tall man in a gray hat stepped inside.

"Ed Wishbone?"

The man in the gray hat said abruptly.
^{무뚝뚝하게}

"Yes, that's me." Ed replied, slightly surprised.
^{약간}

"You have to leave this mall by tomorrow morning."
^{떠나다}

"Uh... pardon me?"

"The owner of the mall has agreed to sell the lot.
^{(토지의) 한 구획}

Bulldozers are coming to tear down the mall tomorrow."
^{허물다}

"I... I know nothing about this!"

"You do now."

With that said, the man in the gray hat left the shop in silence.

Ed turned around and found the cat looking at him.

"I'm in big trouble." Ed mumbled weakly.
중얼거리다

The cat only yawned.
하품하다

Ed picked the phone up and called the owner of the mall.

No one answered.

"I can't just give up. The shop is all I have!" Ed

said aloud and slammed the phone down.

"I'm going to the owner's place to ask him about

this." Ed said to himself as he grabbed his coat. "Stay

here and be a good cat."

Ed told the cat and went out of the front door.

The cat frowned. It was wondering about its dinner.

Ed took the bus to the south side of town.
This was the place where the rich folks lived.
Ed found the mansion where the owner lived
but no one answered the doorbell.

Ed tried again. But again, no answer.

Ed decided to wait for the owner.

The sidewalk was very cold and the wind
was strong but Ed waited.

And waited...

...and waited...

...and waited.

But no one came home.

It became dark and the temperature
dropped. Ed's hands were very cold. He
couldn't feel them.

It had been only six months since he opened Pie Heaven. True, it was a small store in a deserted part of town, but it was still his dream. It was all he had.

Rain started to fall somewhere around midnight. Ed was freezing. But he did not give up. He continued to wait.

He realized he was very hungry. And that reminded him that he had forgotten to feed the cat. He imagined the cat crying for food and briefly thought about going home, but finally shook his head.

He wanted to get some food but decided that he wouldn't eat because the cat hadn't eaten either.

And then it became morning.

Still nobody came.

Completely exhausted and discouraged, Ed finally
thought of looking through a window inside the owner's
mansion.

It was empty.

The owner was long gone. He had probably run
away to escape from debt.

Tears streamed down Ed's face, but it was all too
late.

Ed took the morning bus home.

In the early morning light, The New Everville Mall
appeared alongside the road. Ed looked at it in silence
from the bus window. For a moment, Ed wondered if
he might someday be able to open a store inside The
New Mall. Ed mumbled and shook his head.
　　The New Mall disappeared behind a hillside and the
long road towards the old town stretched out in front of
the bus.

Ed sat silently.

Outside Mall was nothing compared to The New Mall, but he loved it anyway. It was still his dream. He was determined to save it.

The bus rounded one final corner and the lake appeared on the left. In a moment, Outside Mall would show up on the same side. Ed started to get up.

And stopped.

"Oh my God..." Ed whispered.

He staggered towards the door as the bus pulled up to the bus stop.

"No... no!!"

"Cat! Oh my God! Caaatttt!!"

Ed ran straight to the store, completely forgetting about everything else.

"Cat!! Where are you!? Get out of there!"

A bulldozer started to tear into the outside wall of Pie Heaven. Several men noticed Ed running towards the shop and cried out in surprise.

"Hey! You! What are you doing? Somebody stop
him!"

A worker caught Ed by the arm, but Ed desperately
flung it away. The sidewalls were collapsing inwards.
Ed ran into the shop and found the cat sleeping on the
showcase.

It had eaten most of the pies
for yesterday's supper.

Ed grabbed the sleeping cat and dashed^(돌진하다) back to the front door. The surprised cat tried to get away but Ed held on tightly. Just before the whole building crashed down, Ed tumbled^(넘어지다) out of the shop.

The cat scratched its way out of Ed's hands and ran for its life.

The construction workers barely^(간신히) managed to rescue^(구출하다) Ed from the wreckage^(잔해).

Several hours later, Ed sat in the parking lot of Outside Mall looking at the empty space that used to be his shop. The trucks had taken everything away. Ed had lost everything in one day.

The Big Fat Cat came out from behind a pile of 무더기 concrete and cautiously approached Ed. It was careful 콘크리트 주의깊게 다가가다 because it thought that Ed would grab it again. Ed noticed the cat and turned around. The cat jumped in alarm. 놀람

Ed said weakly.

"You know, I used to think that life was like a blueberry pie. Sometimes sour, but mostly sweet. But I was wrong. ...Life isn't a blueberry pie. It's more like a mustard pie. I've lost everything."

The cat slowly approached Ed, still cautious, but came right to his feet. It meowed. It was probably hungry.

Ed found a weak smile.

Well...

Perhaps not everything.

to be continued:

One man and a cat
Out in the city to find a lost dream

"Big Fat Cat Goes To Town"

IN BOOKSTORES EVERYWHERE

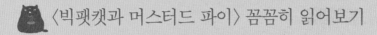 〈빅팻캣과 머스터드 파이〉 꼼꼼히 읽어보기

영어에 정답은 없습니다!
따라서 여기 실린 내용들은 정답을 맞춰보기 위한 것이 아닙니다.

실수를 발견한다거나 문장의 형태를 다시 확인한다거나
술술 읽지 못한 것에 대해 불안해한다거나⋯⋯
그런 목적으로 씌어진 글이 아닙니다.

영어를 좀 더 신나게 즐기기 위해, 이야기 자체를 보다 즐기기 위해서
다양한 힌트를 실었을 뿐입니다.
미처 몰랐던 것이나 숨겨진 내용들을 찾아보세요.

NOTES st.
TEXT st.

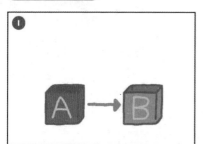

영어 문장은 대부분 왼쪽 그림처럼 A 상자와 B 상자, 그리고 두 상자를 연결하는 화살표로 이루어져 있어요.

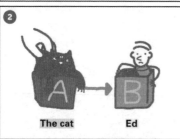

빨간 A 상자에는 문장의 〈주인공〉을 넣고, 파란 B 상자에는 그 대상이 되는 〈조연〉을 넣어요. 주인공과 조연이 되는 단어들은 '사람', '동물', '사물', '생각' 등인데, 이들은 문장 속에서 각자 어떤 역할을 담당하는 '배우'입니다. 여기에선 A 상자에 The cat을, B 상자에 Ed를 넣을게요.

얼굴에 화장품을 안 바르는 배우는 거의 없죠? 주인공이나 조연은 대개 자신을 꾸미는 갖가지 화장품을 앞에 붙이고 상자에 들어간답니다. 대신 너무 긴 〈화장품〉은 '배우'의 뒤에 붙으며 〈화장문〉이라고 불러요. 〈화장품〉이나 〈화장문〉은 배우들이 어떤지 자세하게 설명해주는 역할을 합니다.

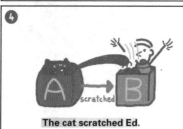

녹색 화살표는 주인공이 조연에게 '무엇을 했는지'를 말합니다. 여기서는 scratched(할퀴었다)가 화살표에 해당되겠죠? 어느 문장에나 오른쪽으로 향하는 화살표가 있다는 사실을 기억하세요. A 상자, B 상자, 녹색 화살표. 자, 이 세 가지로 'A가 B에게 무엇을 했다'는 문장 형태가 완성되었네요. 바로 이 A→B가 영어 문장에서 가장 기본이 되는 형태입니다. 어떤 문장을 보고 A, →, B만 잘 찾을 수 있다면 이미 그 뜻을 안 셈입니다.

상자에 들어가지 않고 남은 부분은 〈부록〉입니다. '시간', '장소', '어떻게' 등을 표현하는 단어로, 그다지 중요하지 않습니다. 빼고 생각해도 될 정도죠.

부록

The cat scratched Ed in the kitchen.

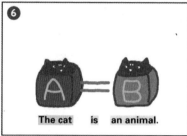

A→B 이외에 자주 쓰는 문장 형태가 두 개 있어요. 첫 번째는 A=B로, 〈등호문〉이라고 합니다. A 상자와 B 상자에 같은 대상이 들어가는 경우나 A에 관한 설명이 B 상자에 들어가는 경우를 말하는데요, 'A는 B다' 혹은 'A가 어떠하다'로 풀이되는 문장입니다. 이런 문장에서는 내개 =의 위치에 be의 친구들(is, am, are, was, were) 중 하나가 들어간답니다.

The cat   is   an animal.

두 번째는 화살표 동작을 주인공 혼자서 다 해버리는 경우를 말해요. 이 경우, 당연히 B가 필요 없으니까 A⤺만으로 문장이 완성되죠. 왼쪽 그림을 보세요. 고양이가 slept, 즉 자고 있으니까 이 문장에선 당연히 B 상자가 없어도 되겠죠?

The cat   slept.

이외에도 가끔 특수한 문장 형태들이 있긴 하지만, 영어 문장은 앞에서 말한 세 가지 형태가 가장 기본입니다. 간단하죠? 영어란 뚜껑을 열고 보면 이렇게 간단한 언어랍니다. 특수한 문장 형태들은 등장할 때마다 해설하는 과정에서 설명하도록 할 테니 너무 걱정 마세요.

요점 정리
각 페이지의 요점을 한 줄로 정리했어요!

쪽 표시
본문이 실린 쪽수를 표시해두었어요!

색깔 구분
앞서 설명한 '영어의 구조'에 따라 A 상자에 들어가는 〈주인공〉을 빨간색, 화살표를 초록색, B 상자에 들어가는 〈조연〉을 파란색으로 구분해두었어요! 처음에는 어색하더라도 계속 보다 보면 저절로 어순 감각이 생기므로 눈여겨봐주세요.

문형
A→B, A=B, A↺ 중 어떤 형태인지 표기했어요! 물론 일부는 특수한 형태도 있답니다.

문장 해설
색깔 구분이나 문장 형태만으로 이해하기 어려운 문장도 있겠죠? 그런 경우를 위해 문장 요소를 자세히 설명했어요!

P.31 사우스 에버빌을 향해

Ed took the bus to the south side of town.

A→B ▮▮ to the south side of town은 '장소'를 나타내는 부록입니다. bus는 탈 것이므로 ride를 써도 되지만, take를 써도 돼요. 타기 전과 타고 난 뒤, 그 버스의 '이동 시간'이 순식간이었음을 표현하고자 할 때 take를 쓰는 경향이 있어요. take를 쓰면 단순히 '버스에 탄다'기보다 수많은 버스 행로 중에서 '이 버스의 행로를 가졌다(선택했다)'는 의미가 담겨 있어요.

This was the place where the rich folks lived.

A=B This는 앞 문장의 the south side of town의 대역이에요. where 이하는 조연 the place에 붙은 화장문이고요.

Ed found the mansion where the owner lived but no one answered the doorbell.

but 연결문 (A→B but A→B) ▮▮ mansion은 한 가구가 사는 대저택을 말해요. where the owner lived는 the mansion을 구체적으로 설명한 화장문이고요. but 뒷부분에서, 주인공인 no one은 이제는 친숙한 '보이지 않는 투명한 대역'이지요.

🔍 에버빌 남부에는 고급 주택가가 펼쳐져 있어요. 미국의 집들은 대부분 규모가 크지만, 우리가 생각하듯 엄청난 재력을 지닌 대부호가 살고 있는 것은 아니에요. 비즈니스에 종사하는 검소한 백인들이 대다수를 차지하지요.

별종 표시
규칙이 통하지 않는 화살표, 즉 별종 화살표에는 밑줄을 그어 표시했어요! 별종 화살표에 대해서는 96쪽을 참고하세요.

모드 표시
화살표의 모드를 표시했어요!

모드의 비밀을 알고 싶은 분은 이 책 93쪽에 나오는 '영어 간식' 코너를 미리 후딱 읽어보세요. 아니면 지금은 그저 모드란 게 있구나 정도만 알고 출발해도 됩니다.

Coffee Break
쉬어가는 페이지를 말합니다. 본문을 읽을 때 도움이 될 만한 짧은 지식을 실었으니 단숨에 읽고 넘어가세요. 종종 '커피타임'이라고 불리지만, Coffee Break가 맞는 표현이랍니다.

알아두면 편리한 용어 모음

[and 연결문 / but 연결문]

둘 이상의 문장이 and나 but으로 이어진 경우에는 아래와 같이 표기했어요. ( ) 안에 각각의 문장 형태
도 넣어두었습니다.

Ed threw the pie and the cat chased it.

and 연결문 (A→B and A→B)

[부정문]

〈화살표〉 주변에 no, not, never 등이 있는 문장은 부정문이에요. (주의! don't나 didn't 등도 do not과 did
not의 줄임 형태이므로 not이 포함되어 있습니다.) 부정문은 아래와 같이 부정문이라고 표기했어요.
'~하지 않는다'나 '~라고는 할 수 없다' 또는 '~이/가 아니다'로 생각하면 됩니다.

The cat didn't like Ed.

A→B 부정문

[접착제]

in, on, at, of 등 해석할 수 없는 짧은 단어가 바로 접착제입니다. 접착제는 다른 단어에 꽉 붙어서 의미
에 깊이를 더해줍니다. 대표적인 접착제는 다음 아홉 개로, 각 접착제가 가지는 의미를 그림으로 나타냈
으므로 참고하세요.

in / out : 어떤 틀을 정
하고 그 안에 들어가 있
으면 in, 그 속에 없으면
out

of : 그룹에 소속된 of. 상
자 속 보라색 구슬이라
는 그룹에 속하므로 of

on / off : 표면에 접촉되
어 있으면 on, 접촉되어
있지 않으면 off

for : '선물을 드린다' 같
은 따뜻한 마음이 담긴
for

to : 어떤 범위를 향해 가
는 to

by : 흔들리지 않는 뭔가
에 기대는 by

at : 좁은 곳을 뾰족한 것
으로 공격하는 듯한 at

드디어 여기서부터 본문에 대한 해설이 시작된답니다. 혹시 해설과 다른 문형이 있거나 색깔 구분이 이해가 되지 않더라도 의미를 파악하고 이야기를 즐길 수 있다면 그냥 넘어가도 됩니다. 해설은 어디까지나 영어를 이해하기 위한 힌트일 뿐이니까요.

p.9 에버빌(Everville)에 오신 것을 환영합니다

에버빌
This is the small town of Everville.

A=B　　이야기의 막이 올랐습니다. This는 이 페이지에서 묘사한 에버빌의 풍경 전체를 가리켜요.

중산층의　　　　　　　위치하다
It is middle-class town located on a mountainside.

A=B　　located on a mountainside는 town의 화장문입니다.

어림잡아
Roughly, eight thousand people live here, work here, study here and sleep here...

and 연결문 (A↷, A↷, A↷ and A↷)　　모든 화살표 앞에는 주인공인 eight thousand people이 들어가지만, 두 번째 화살표부터는 생략했어요.

미국의 전형적인 작은 마을들은 여기 나오는 에버빌의 모습과 크게 다르지 않아요. 에버빌은 '영원히', '언제까지나'라는 뜻을 지닌 ever와 '마을'이란 뜻의 ville을 합쳐 만든 단어로, 이름은 근사하지만 사실은 평범한 마을이지요. 동쪽에는 구시가지, 북쪽에는 슬럼가, 서쪽에는 상업 지구, 남쪽에는 고급 주택이 들어서 있어요.

On the eastern side of this town, there is a small shopping mall.

A=B   On the eastern side of this town은 장소를 나타내는 부록입니다.

Most of the shops in the mall have closed down a long time ago.

A↩   closed뿐이라면 그날의 영업이 끝난 상태를 뜻해요. 하지만 down이라는 '장소'의 부록이 붙으면 '폐점'이라는 의미가 되지요. 즉, 가게가 망했다는 뜻이에요.

The named of the shopping mall, "Outside Mall," is a very apt name.

적절한

A=B   주인공이 꽤 긴 문장입니다. '쇼핑몰의 이름'이란 첫 번째 문구 뒤에, 이름이 '아웃사이드 몰'이라고 구체적으로 밝혔어요.

It used to be one of the biggerst malls in Everville, but the center of town moved away several decades ago.

수   십년

but 연결문 (A=B but A↩) ▮▮   It은 앞 문장에 나오는 the shopping mall의 대역입니다. used to는 →나=에 붙어 '한때는 ~했었다'라는 의미가 됩니다. 하지만 이 used가 배우에 붙으면 used books, used cars와 같이 '중고품'을 의미하게 되지요. →나 =과 함께 사용하는 경우에도 다소 낡은 이미지를 연상해주세요.

used to에 숨겨진 뉘앙스가 또 하나 있어요. '한때 ~했었다'는 말은, 결국 '지금은 다르다'란 뜻을 포함합니다. 그러니까 정말로 하고 싶은 말은 오히려 뒤에 나오는 말이라고 할 수 있어요.

여기서 잠깐, one of the biggest malls in Everville의 biggest는 big의 변형으로 '가장 크다'는 뜻이랍니다.

It isn't planning to come back.

A=B 부정문 It은 앞 문장에 나오는 the center of town의 대역입니다. to는 자주 나오는 접착제로, 기호 >로 바꿔 생각하면 이해하기 쉬워요. 즉, to의 왼쪽 부분이 오른쪽 단어를 향하고 있다는 뜻으로요. 예를 들어 going to Tokyo라면 going > Tokyo로 생각해서 'go하는 것은 도쿄를 향해서'라는 의미가 됩니다. want to play라면 want > play로 생각하여 want하는 것은 무엇? 바로 '노는 것'이라고 생각하면 됩니다. 여기에서는 not planning > come back이므로 계획하지 않는 것이 무엇일까요? 바로 (아웃사이드 몰로) 돌아오는 것이라고 생각할 수 있어요.

 outside는 기본적으로 '바깥, 외부, 외면'이란 의미지만, '동떨어진 대상', '문외한'과 같이 부정적인 의미도 지니고 있습니다. 아웃사이드 몰의 주인은 모든 가게가 바깥을 향하는 개방형 쇼핑몰임을 강조하고자 이런 이름을 붙였겠지만 아이러니컬하게도 현재는 '마을에서 동떨어진 곳'이란 뜻으로 생각되지요.

p.12 살아남은 가게들은 무엇일까요?

The only stores still open are Eat & Enjoy (an old cafeteria), Style Council (a barbershop) and Pie Heaven (a pastry shop).
의원회   이발소   패스트리

A=B 주인공이 좀 길지만 핵심이 되는 주인공은 어쨌든 stores, 나머지는 화장문, 화장품입니다. 조연으로는 구체적인 가게 이름들이 나왔어요.
이제 이야기가 시작됩니다. 위에 나온 이름들은 미국의 작은 마을이라면 어디에나 있을 법한 가게 이름들이에요.

There was also a used bookstore (The Bookworm), but it moved out last month.

but 연결문 (A=B but A↷) The Bookworm은 말 그대로 '책벌레'란 뜻을 지닌 책 가게 이름입니다.

최근 미국에서는 이런 상점가 스타일의 쇼핑몰을 거의 짓지 않아요. 1960~70년대에 상점가 쇼핑몰들은 주말이면 가족들이 즐겨 찾는 곳으로 호황을 누렸지만 현재는 각지에서 건물 노화가 진행되고 있어요. 그러나 여전히 이런 작은 가게들을 꿋꿋이 지키고 있는 사람들이 많은 것도 사실입니다.

---

p.14 에드 위시본이 등장했어요!

The owner of the pastry shop is Ed Wishbone, a young man who loves to bake pies.

A=B   드디어 주인공 에드 위시본이 등장했습니다. 쉼표 다음은 에드가 어떤 사람인지 자세히 설명한 화장문이에요. who 다음부터 문장 끝까지는 a young man에 붙는 화장문으로, 이 문장에서는 화장문 안에 또 하나의 화장문이 들어 있어요.

loves to bake pies는 love > bake pies로 바꿔서 읽어보세요. '무척 좋아하는 일은 파이 굽는 것'이라는 뜻이 됩니다.

He came to Everville six months ago and started his shop here.

and 연결문 (A⤻ and A→B)   He는 에드를 가리켜요. to Everville은 '장소'를 나타내는 부록, six months ago는 '시간'의 부록입니다. 두 번째 화살표인 started 앞에는 본래 다시 he(Ed)가 나와야 하지만, 반복하면 지루하므로 생략했어요.

 pastry shop은 넓은 의미로 '베이커리(빵집)'에 해당됩니다. 우리나라에서는 파이를 그리 즐겨 먹지 않지만, 미국에서는 식후에 자주 나오는 친숙한 음식에 속해요.

결심하다   추구하다

Ed used to be a businessman in the big city but decided to pursue his dream of owning a bakery.

> **but 연결문 (A=B but A→B)** used to가 또 나왔어요. 에드의 과거 상황을 말한다는 것을 알겠지요? 낡은 이미지가 떠올랐나요?
> 뒷부분의 decided to pursue his dream은 decided > pursue his dream으로 생각하세요. '결심한 것은 > 꿈을 추구하는 것'이라는 뜻이 됩니다. of owning a bakery는 어떤 꿈인지를 설명하는 화장문이고요.

He used to dream about standing in his own bakery baking delicious blueberry pies.

> **A↶** about 다음은 에드의 꿈을 구체적으로 밝히고 있어요. 낡은 이미지를 연상했나요?

His dream had come true.

> **A=B** 등호문 중에서도 특수한 형태예요. 꿈이 현실이 되어 '찾아왔다'는 뜻이지요. 꿈=현실이 된 셈이에요.

상상하다

Only it wasn't like what he had imagined.

> **A=B 부정문** he had imagined는 화장문입니다. 화장문이 붙는 배우가 막연한 '무엇'이라면, 배우의 위치에 what을 넣으세요. 이처럼 '무엇', '누구', '어디' 등 확정지어 말할 수 없는 배우를 사용하는 경우, 'what', 'who', 'where' 등을 임시로 넣고, 그 단어에 화장문을 붙입니다.
> 이 문장에서 like는 '~와 같다'라는 뉘앙스를 담고 있어요.

> 미국인에게 '고향의 맛'이라면 로스트 비프, 프라이드 치킨, 콩 요리 등이 있어요. 파이도 그 중의 하나지요. 어느 나라나 마찬가지로, '고향의 맛'이란 어렸을 때는 질리도록 먹어서 '어? 또 이거야!'라며 싫어하지만, 어른이 되어 부모님의 품을 떠나면 문득 그리워지는 음식이지요.

p.16 망하기 일보 직전인 파이 헤븐

"Cat! Oh, no! You did it again!!"

A→B   🔲   주인공인 You는 Cat입니다. it은 아직 무엇인지 정확히 알 수 없어요.
분명 좋은 일은 아닐 듯하지만……

Today, as always, was a slow day.

A=B   문장의 리듬을 재미있게 하고, always를 강조하기 위해 주인공과 =이 되는 문
장 사이에 부록 as always를 삽입했어요. 'slow한 날'이 어떤 느낌이 드는 날인지 상상
해보세요. 에드의 하루를 대충 짐작할 수 있을 거예요.

It was an hour after lunchtime, but only four customers had shown up.

but 연결문 (A=B but A⤴)   🔲   정말이지, slow day네요

Only two bought pies.

A→B   🔲   two는 two customers를 밀해요. 이런 상황이니, 낭연히……

Business was not taking off.

A=B 부정문   벌써부터 날개 돋친 듯 팔릴 리 없겠죠! 이 문장에서 off는 어디에도 접
촉하지 않은 '장소'를 나타내는 부록입니다. take off라면 비행기가 지면에서 떨어져 공
중으로 날아올라가는 이미지가 가장 먼저 떠오르는 단어예요. 그러나 take라는 단어의
의미에 의식을 집중한 다음, 보이지 않는 큰 손이 활주로의 비행기를 쓰윽 들어올리는 느
낌을 떠올려보세요. take off는 실제로는 take off the ground가 되어야 해요. 마찬가지
로 'Business'가 '날아오른다'고 하면, 가게가 잘되어 정상 궤도에 올라선 느낌이 드나
요? 아쉽게도 아직 에드의 가게는 take off하고 있지 않지만……

충돌하다

In fact, **it was about to crash land.**

A=B　　앞 문장의 흐름에 이어 비행기의 예가 계속되고 있어요. it은 '에드의 Business'를 말해요. land뿐이면 '착륙'이지만, 'crash'해서 착륙했으므로 '추락(불시착)'이 됩니다. about은 '부근'이란 이미지를 지닌 접착제고요. 여기서는 crash에 가까이 와 있는 상태니까, 즉 'crash하기 직전'이라는 의미가 됩니다.

 이 페이지부터 대화문도 등장하고, 이야기의 속도가 조금씩 달라져요. 새로운 캐릭터가 등장하면 전개가 빨라지므로 주의하세요.

p.17 또 하나의 '큰' 문제

"**Where are you**!?

A=B　　원래의 문장 형태는 You are where이지만, '어디'를 강조하기 위해 where를 첫머리에 두는 것입니다.

Get out of here!

(A)↻　　주인공은 숨어 있지만, You(cat)를 상대로 말하는 문장이에요. 이 문장에서는 get이란 동작이 강조되어 명령조가 되었어요. get out은 '밖을 얻다' 다시 말해, '밖으로 나가'라는 의미입니다. '명령'에 대한 자세한 설명은 아래 상자를 참고하세요.

 Bic Fat Cat Column Ⅰ　~ 사라진 주인공 ~

'명령조'로 말하고 싶을 때, 영어에서는 주인공(A 상자)을 생략하고 문장을 만들어요. 앞에서도 조연이 생략되는 문장을 소개했지만, 주인공이 완전히 사라진 경우는 처음이지요?
구체적으로 명령조란 아래와 같은 문장입니다.

Scratch Ed!

영어 문장에서는 되도록이면 중요한 부분이 늘 앞에 와요. 명령조 문장에서는 가장 중요한 주인공을 생략하여 주인공의 지위를 낮추고, 동시에 행동을 나타내는 화살표를 첫머리에 두어서, '중요한 건 주인공이 아니라 행동'이라는 뉘앙스를 강조합니다. 그 결과 이 문장은 '명령조'가 된 것이지요. 이 문장만으로는 누구에게 명령을 하고 있는지 알 수 없지만, '에드를 할퀴다'란 동작을 누가 할 것인지 상상해보면, 이 문장의 '사라진 주인공'은 당연히 cat임을 알 수 있어요.

I told you not to eat these pies!!"

A→B / B'　　　이 이야기에서 처음으로 등장한 특수한 문형이에요. 화살표의 동작에 영향을 받는 조연이 두 개 등장하는 경우입니다. He sold me a pie를 예로 들어볼게요. 이 문장이 He sold me로 끝난다면 '나를 팔았다'는 엉뚱한 뜻이 되어버려요. 그러므로 다음에 나오는 a pie가 제2의 조연, 즉 B' 상자의 역할을 맡는 것입니다. 여기서 화살표 sold는 me와 a pie, 둘 다에 영향을 미쳐요. 누구에게 sold했냐면 바로 me, 무엇을 sold했냐면 바로 a pie가 되는 것입니다.

이 문장에서 두 번째 조연인 B'는 not 이하의 문구 전체가 됩니다. 아래 그림을 잘 보세요~!

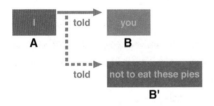

Slow business was not Ed's only problem.

A=B 부정문

There was another one.

A=B　　　one은 앞에 나온 단어의 반복을 피하기 위해서 사용했어요. 여기에서는 problem을 one으로 바꾸었습니다. 이해하기 어려우면 원래 단어를 그 자리에 대신 넣어서 생각해보세요.

A big and fat one.

불완전한 문장   이 문장의 one도 problem의 대역이에요.

 고양이가 웅크리고 있는 곳은 부엌 입구입니다. 부엌 안쪽에는 에드가 생활하는 방도 있어요. 미국의 건물은 아주 넓어서 방이 남기 때문에 창고로 쓰는 경우도 흔하답니다.

p.18 고양이가 가장 좋아하는 블루베리 파이

한숨쉬다   기대다   힘없이
Ed sighed and leaned weakly on the showcase.

and 연결문 (A⤵ and A⤵) ▮▮

It had been three weeks since he decided to live with the cat.

A=B   이 문장에서 It은 어떤 특정한 대상 대신 쓴 것이 아니라, '시간'을 표현하는 문장의 첫머리에 관례적으로 쓰는 It입니다. 굳이 말하자면 실체가 없는 막연한 '시간'의 대역이라고나 할까요. since는 동작과 시간의 흐름을 나타내는 단어로 '출발 지점'을 나타냅니다. 여기서 출발 지점은 since의 뒤에 나오는 '고양이와 살기로 결심한 때'예요. 그때로부터 시간이 얼마나 흘렀는지는 since 앞부분에 나와요.

먹이를 주다
He fed the cat three times a day, sometimes four or five times a day,

훔치는 것   ~할 때마다
but it kept stealing pies whenever he was away from the shop.

but 연결문 (A→B but A→B) ▮▮   다소 긴 문장이에요. 앞부분은 고양이의 왕성한 식욕을 강조하기 위해 부록에서 식사 횟수를 반복해 전달했어요. 뒷부분의 whenever 다음의 내용도 '시간'의 부록이에요. when만으로도 의미는 통하지만, -ever를 붙이면 '계속'의 의미가 강조되어 '~할 때마다'가 돼요. 앞에서 나온 used to도 그런 경우로, 단어 중에는 그 자체만으로도 강조 이미지를 지니는 경우가 많아요. ever는 문맥상 '끝이 없는 느낌'을 주는, 여운이 남는 단어예요. 앞으로 ever를 보거든 '끝없이 펼쳐진 광대한 하늘'의 이미지를 떠올려 보세요.

The cat always <u>stole</u> the blueberry pies.
훔치다

A→B ▐▌ '시간'의 부록 always를 화살표 앞에 두어 강조했습니다.

This <u>was</u> very bad because they sold the best.

A=B ▐▌ because로 시작되는 부분은 '이유'를 설명해요. This는 앞 문장 전체를 대신하는 대역이며, they는 the blueberry pies의 대역이에요.

Ed's bakery was losing a lot of money.

A=B

The cat needed a lesson.
교훈

A→B ▐▌ a lesson이 필요하다는 말의 의미는 혼내줄 필요가 있다는 것이지요.

 그러고 보니 가게가 너무 넓어서 텅 빈 것처럼 보이네요. 하지만 미국의 교외에 있는, 오래된 가게는 이런 구조가 흔해요. 쇼핑몰이 전성기를 누리던 즈음에는 이렇게 넓은 공간이 좁게 느껴질 만큼 손님들로 북적거렸는데…….

p.19 에드, 고양이를 혼내줄 계획을 세우다!

Ed <u>thought</u> for a few minutes.

A↶ ▐▌

Was there a way to teach it?

A=B 이 문장부터는 에드의 머릿속에서 전개되는 혼잣말이에요. to teach it은 a way(방법)를 자세히 설명하는 화장문입니다. ?가 마지막에 붙는 '의문문'일 때는 주인

공과 화살표의 위치가 뒤바뀝니다. 하지만 읽을 때는 '그런 일이 있다' 정도로 기억해도 충분해요.

Words <u>meant</u> nothing to it.
<small>의미하다</small>

A→B ▮▮ nothing은 분해하면 no+thing입니다. 즉 '없는 것'이지요. 이 문장에서는 '없는 것을 의미한다' 다시 말해 '아무것도 의미하지 않는다'가 됩니다. no로 시작하는 단어에 대해서는 다음 상자의 글을 한번 읽어보세요.

🐱 **Bic Fat Cat Column 2** ~참을 수 없는 존재의 가벼움 ~

Nothing is there. 이 문장을 보통 '아무것도 없다'라고 해석하지만 잘 살펴보면 결코 '아무것도 없다'는 뜻이 아닙니다. 오히려 'Nothing이 있다'로 파악해야 해요. 마찬가지로 Nobody is there는 '아무도 없다'라고 해석하지만, 실제로는 'Nobody가 있다'가 됩니다. 어느 장소에 있는 의자를 예로 들어볼까요? 'Nobody라는 투명인간이 의자에 앉아 있다 → 따라서 아무도 앉을 수 없다 → 그러므로 아무도 앉아 있지 않다'로 생각할 수 있어요. 이처럼 no가 붙은 단어는 모두 '투명한 무엇'이라고 상상해보세요. 그저 단순히 '아무도 없다', '아무것도 없다'라고 통째로 외워서 기억하는 것보다 되도록 아래 일러스트 같은 연상을 해서 영어의 재미를 맛보면 좋겠습니다.

Nobody here.

Nothing is there.

It was too fast for Ed to catch so he should not punish it.
<small>벌하다</small>

so 연결문 (A=B so A→B) 부정문 ▮▮ so 앞에 나오는 문장에서 조연이 너무 길어서 이해가 잘 되지 않을 때는 핵심이 되는 조연인 fast만 남기고 나머지 화장품은 생략하고 읽어보세요. 생략하는 김에 대역 It도 The cat으로 바꿔서 생각하면, The cat was fast가 됩니다. 이 정도면 의미를 쉽게 파악할 수 있을 거예요.

Perhaps he should stop baking blueberry pies.

A→B baking은 '굽는 동작'을 의미해요.

No.

불완전한 문장.

상처 입히다
That would hurt his business even more.

A→B　■■■　That은 앞에 나온 'Perhaps ~'로 시작하는 문장 전체의 대역입니다. even more는 '어떻게'를 나타내는 부록이고요. more뿐이면 '더욱'이지만, even이 붙으면 '더욱 더'가 된답니다.

"Think, Ed! Think!"

(A)⤴　에드가 자신에게 명령하고 있어요. 주인공이 사라졌으니까 A 상자를 괄호 안에 넣었어요.

Ed told himself.

A→B / (B')　■■■　조금 변형된 문장 형태네요. 앞에 나왔던 I told you not to eat these pies와 같은 문장 형태지만, A→B / B'에서 두 번째 조연이 생략되어 있어요. 생략된 조연은 바로 앞에서 에드가 자신에게 말한 명령문이지요. 본래는 Ed told himself, "Think, Ed! Think!"

갑자기
And suddenly he came up with an idea.

(A)⤴　■■■　he(Ed)가 주인공이고 came이 화살표예요. '아이디어와 함께 위로 올라 간다'는 건 '아이디어가 떠오른다'란 의미겠지요? 즉 동작이 들어간 표현이에요. 에드가 자신의 생각 안에 있는 호수로 들어가 저 바닥에서 아이디어를 발견하고, 그 아이디어와 함께 두둥실 수면 위로 떠오르는 느낌을 상상해보세요. '떠오른다'란 느낌이 팍 오나요?

　위의 **Ed told himself**란 문장의 설명이 꽤 어렵지요? 그냥 A→B라고 생각해도 상관없 어요. 규칙은 이해하기 위해 있는 것이므로 이해가 안 되면 규칙을 잊어버려도 됩니다. 가벼운 마음으로 읽으세요.

Yesterday, **Ed had** <u>made</u> hot dogs for lunch, and **the Big Fat Cat** <u>came</u> to the table as usual.
평상시의

    and 연결문 (A→B and A↺) 🚩 🚩   끝부분의 to 다음은 '장소'와 '어떻게'를 나타내는 부록입니다.

    이 문장을 시작으로 이 페이지는 전부 에드의 회상 장면이에요. 회상 장면에 대한 자세한 설명은 93쪽에 실린 〈Big Fat Cat의 영어 간식〉을 참고하세요.

Ed gave the cat a hot dog without thinking.
~없이

    A→B / B' 🚩

The cat <u>bit</u> **into it, cried out, and** <u>ran</u> **into the kitchen.**
물다

    and 연결문 (A↺, A↺ and A↺) 🚩   bit(bite)뿐이라면 '씹다, 물다'가 되지만, 사물의 안을 나타내는 접착제 in과 '목표'의 접착제 to가 연결되어 있는 접착제인 into를 붙여서 핫도그에 얼굴을 파묻고 덥석 물어뜯고 있는 느낌을 살렸어요.

    아래 그림을 보면 그냥 bit과 bit into의 차이를 잘 볼 수 있어요.

 bit the pie

 bit into the pie

Completely surprised, **Ed** <u>went</u> after the cat and <u>found</u> it in the kitchen sink.
완전히   싱크대

    and 연결문 (A↺ and A→B) 🚩   it은 물론 the cat의 대역이에요.

It was drinking water like crazy.
미친

    A=B   반복이지만, It은 the cat의 대역이고요, like crazy는 '어떻게'의 부록입니다.

여러분도 아시겠지만, 전형적인 미국식 핫도그는 굵은 소시지 위에 머스터드, 케첩, 양파, 다진 피클 등을 엄청나게 많이 얹은 다음 양볼 가득히 넣어 먹는 걸 말해요. 여기에 감자튀김과 콜라도 빠뜨릴 수 없지요.

p.21 고양이는 머스터드를 싫어해

마침내 알아차리다 일어나다
After thinking for a while, Ed finally realized what had happened.

A→B █▊█ After thinking for a while은 '시간'의 부록입니다.

realized는 주로 '깨달았다'로 해석되지만, 사실 매우 편리한 의미를 지닌 단어예요. realized의 뉘앙스를 살리면 '현실화하다'는 의미가 강해요. 문자 그대로 'real해지다', 즉 몸으로 절실히 느껴 현실감 있게 다가온다는 뜻이지요. 따라서 묻혀 있던 기억을 끄집어내어 손에 잡힐 듯 가깝게 느끼는 것도 'realized', 꿈을 실현하여 눈으로 확인하는 것도 'realized'라고 합니다.

The mustard on the hot dog had <u>done</u> the damage.

A→B █▊█

매운
The cat seemed to hate spicy foods.

A=B seem도 재미있는 단어예요. 이 단어를 '분명하지 않은, 어렴풋한 등호'라고 생각하면, 원문의 느낌을 따라잡을 수 있어요.

눈을 뜨다 납작해지다 평평하게
When Ed woke up today, he <u>found</u> the yellow mustard bottle squashed flat.

A→B=B' █▊█ 조연이 둘 있고, 그 두 조연이 등호로 연결된 흔치 않은 문장이에요. the yellow mustard bottle =squashed flat이라는 뜻이지요. 보통 머스터드는 대개 샛노란 말랑말랑한 플라스틱 병이나 양동이 모양의 용기에 담겨 있어요. 따라서 말랑말랑한 병 모양 플라스틱 용기에서 내용물을 쭉 짜내어 완전히 납작해진 상태를 떠올리면 됩니다.

"So you hate mustard, eh?"

A→B   eh?를 읽을 때는 약 올리는 듯한 미소를 떠올리면서 조금 비웃듯 읽어봅시다.

싱긋 웃다
Ed grinned and went shopping.

and 연결문 (A⤴ and A⤴)

[그 외 에드의 점심 메뉴 : Peanut Butter & Jelly Sandwich]
미국의 대표적인 점심 메뉴 중 하나예요. 식빵에 땅콩버터와 잼만 바를 뿐이지만 의외
로 맛있답니다. 어느 한가로운 일요일 아침, 직접 만들어 먹어보세요.

---

p.22 공포의 머스터드 파이

양동이
**A while later, he returned from the supermarket with a great big bucket
of mustard.**

A⤴ 제아무리 미국이라도, 진짜 이렇게 큰 용기에 든 머스터드 소스가 있을까
요? 만약 기회가 된다면 미국의 대형 슈퍼에서 꼭 확인해보세요. 충격적인 사실을 알게
될 거예요.

즉시
He went to the kitchen and got to work immediately.

and 연결문 (A⤴ and A→B) got to work는 '얻은 것은 일(작업)'이라는 의미
로, 다시 말해 '일(작업)에 착수하다'가 돼요.

거대한   파이 크러스트
An hour later, Ed finished making a huge piecrust.

A→B 크기를 나타내는 화장품에는 여러 가지가 있어요. 확실하게 정해진 순
서는 없지만, 보통 다음과 같은 순서로 점점 커져요. big → bigger → biggest → huge
→ enormous

찾다
He searched for the cat but it was nowhere around.

but 연결문 (A⟳ but A=B) ▮▮ nowhere는 '어디에도 없는 곳'입니다. 다시 말해 it
was nowhere는 '고양이는 있었다. 어디에도 없는 곳에'가 되지요. 다시 말해 '고양이는
어디에도 없었다'란 의미입니다. '없음'을 표현하기 위해 '어디에도 없는 곳'이란 가상 공
간을 설정하여, '그곳(어디에도 없는 곳)에 있다'고 하는 거예요. '없다'를 표현하는 방식
에서 알 수 있듯, 영어는 매우 시적인 언어랍니다.

붓다
So Ed slowly opened the big bucket of mustard and poured it into the piecrust.

and 연결문 (A→B and A→B) ▮▮

믿어지지 않는   양
It was an incredible amount of mustard.

A=B It은 앞 문장에서 에드가 사용한 mustard의 총량이에요. 다음 문장의 It도 마찬
가지고, 세 문장 뒤의 this도 그래요.

It was probably enough to cover a hundred hot dogs.

A=B cover는 문자 그대로 '덮다'란 의미지만, 이 문장에서는 a hundred hot dogs
를 뒤덮을 만큼 많은 양이라는 의미예요. 참고로 우리나라와 미국의 일반적인 머스터드
사용량을 비교해보려면 아래 그림을 보세요.

우리나라   미국

Maybe more.

불완전한 문장 원래는 앞 문장과 연결하여 It was probably enough to cover a
hundred hot dogs, maybe more라고 써야 하지만, 별도의 문장으로 나누어 강조하는
거예요.

If there was a lethal amount for mustard, this was way beyond it.

치사량

A=B　　If로 시작하는 앞부분은 '만약 ~이었다면'이란 조건을 나타내는 문장이에요.
뒷부분의 way는 '훨씬'이란 의미로 쓰였고요. 마지막 it은 'a lethal amount'의 대역입
니다.

　머스터드뿐 아니라 미국의 슈퍼마켓에서 팔고 있는 대형 사이즈는 어느 것이나 우리나
라 제품 크기와 큰 차이가 나요. 우유는 갤런(1gallon=약 3.8L) 단위로 팔고, 버터도 삼
중으로 겹친 거대한 용기에 담아서 팔아요. 양손으로 간신히 들 수 있을 만한 통조림 등
도 쌓여 있어서 놀라울 따름이에요.

p.23 에드의 역습

**Trying hard not to laugh, Ed carefully spread a layer of blueberries on top
of the pie.**

펼치다

A→B　■■■　앞머리에 쓰인 Trying hard not to laugh는 에드의 모습을 나타낸 화장
문입니다. Trying hard to laugh라면 '안간힘을 쓰다 > 웃으려고'가 되지만, 이 문장에선
사이에 not이 있으므로 '안간힘을 쓰다 > 웃지 않으려고'가 돼요.

This way, the cat would think it was a blueberry pie.

A→B　■■■　This way는 '이 길', 다시 말해, '이거라면'이라는 뜻이에요. 우리말에
서도 '길'이 '선택 혹은 방법'을 나타내는 말로 쓰이며 넓게는 인생의 선택을 길에 비유하
기도 하지요. 조연은 It was a blueberry pie라는 문장 전체입니다. it was a blueberry
pie의 앞에 that을 넣어보면 알기 쉬울 거예요.

Boy!

불완전한 문장　　Boy는 '남자아이'를 일컫는 말이지만, 여기서는 '아아!', '도대체 무슨

짓이야!' 등과 같이 순간적으로 내지르는 소리예요. 개구쟁이 남자아이를 둔 어머니나 선생님에게서 나온 표현일지도 모르겠네요.

The cat was in for the surprise of its life.

A=B 조금 이해하기 어려운 문장이에요. in은 어떤 일정한 틀을 정하고 그 속에 있는 것을 나타내는 '포함'의 접착제고, for는 '드린다'는 의미의 접착제인데 두 개를 같이 쓰면 '속에 완전히 들어가 있다'라는 뜻이 돼요. The cat은 the surprise of its life라는 틀 안에 들어가 있어 꼼짝 못할 처지에 빠졌다는 의미가 되는 거지요.

악마 같은
Ed placed the diabolical mustard pie where he usually set blueberry pies and waited for the cat to come.

and 연결문 (A→B and A⤴) ▌▌

거의 ~않다
Ed imagined what would happen and could hardly keep from laughing.

and 연결문 (A→B and A⤴) ▌▌　　　what would happen의 what은 막연한 '무엇'을 나타내는 임시 대역입니다. 이 문장에서 keep은 앞에서 나왔던 it(the cat) kept stealing pies에서 쓰인 kept(keep)와 마찬가지로 '계속적으로 유지하다'라는 의미예요. 하지만 사용법이 약간 복잡합니다. 여기서는 from를 사용하여 laughing과 거리가 먼 지금의 상태를 keep할 수 없었다는 의미로 쓰였어요.

This will teach the cat a lesson for sure.

A→B / B' This는 물론 mustard pie지요.

 미국의 식료품 사이즈가 큰 이유는 미국인이 우리나라 사람보다 많이 먹기 때문이라는 단순한 이유도 있지만, 광대한 국토 면적 때문이기도 해요. 도시 외곽에 살고 있는 사람들이 매번 장을 보러 나올 수 없거든요. 시골의 가정에는 식료품 창고같이 통조림이나 말린 식품 등을 대량으로 보관하는 방도 있답니다.

Ed went into the kitchen and waited for another hour.

and 연결문 (A↪ and A↪) ▮▮

Two hours went by, but still no cry from the cat.

but 연결문 (A↪ but 불완전한 문장) ▮▮   went by는 Two hours라는 시간이 빠르게
옆으로 스쳐 지나가버린 것을 나타내요.
이 문장에서 no는 nothing, nowhere의 no의 쓰임과 아주 비슷해요. no는 cry from the
cat에 붙어서, 'cry from the cat이 없었다'가 됩니다.

Ed started to worry.

A→B ▮▮

What if the mustard pie was really dangerous?

불완전한 문장   What if가 첫머리에 올 때는 '만약'의 일을 표현하는 상상의 문장이 돼
요. 만약의 일이 현실이 될까 봐 걱정하고 두려워할 때 쓰는 표현입니다.

What if the cat went into shock after taking a bite?

불완전한 문장   위의 문장과 같은 형태예요. taking a bite는 한 입 베어 먹는 걸 말해요.

p.25 고양이가 한 수 위

잔인한
Ed thought about this, and **realized that he had done a cruel thing.**

> **and 연결문 (A⤴ and A→B)** 　　this는 바로 앞에서 what if로 시작한 두 문장의
> 내용을 모두 받는 대역입니다.

알아채다
He got to his feet and **started to run** into shop when he **noticed the cat was sleeping** under his chair.

> **and 연결문 (A⤴ and A→B)** 　　got to his feet는 '발로 서다', 다시 말해 '일어서
> 다'라는 뜻이에요.
> when 이하는 '시간'의 부록이에요. 색깔 구분을 하면 다음과 같아요.
> he noticed the cat was sleeping under his chair

"Cat! You smart thing!

> **불완전한 문장**　　본래는 You are a smart thing!

You didn't eat the pie!

> A→B 부정문

Good for you!"

> **불완전한 문장**　　'좋다(라는 평가)' for '너(고양이)'. for는 감사하는 마음을 담아 준다는
> 의미가 담긴 접착제입니다. 풀이하면 Good을 You에게 선물로 바친다, 결국 '너에게 좋
> 다'란 의미가 돼요. 이 문장은 관용 표현으로 칭찬할 때 자주 쓰여요.

안도
Ed smiled in relief.

> A⤴

얼굴을 찌푸리다

The cat just frowned because dinner was late.

A↪

Just then, the frount door opened.

A↪   the front door가 '열렸다'는 문장이지만, 자연스럽게 문이 열린 것인지, 누군가에 의해 문이 열린 것인지 확실히 알 수 없어요.

> 에드가 고양이를 향해 'smart thing'이라고 부르는 건, 보통 '사물'에 대해 사용하는 thing이라는 단어가 동물에도 쓰이기 때문이에요. 영어에서는 동물도 기본적으로 사물로 봐요. 그래서 보통 대역을 쓸 때도 he나 she가 아닌 it을 사용해요.

p.27 나가라는 경고

A tall man in a gray hat stepped inside.

A↪   이 문장의 주인공은 A tall man in a gray hat이에요. in a gray hat은 키 큰 남자를 꾸미는 화장문이고요. '회색 모자 속'이란 표현은 '회색 모자를 쓴'이란 의미지요. 잘 생각해보면 머리가 모자 속에 있으므로 딱 맞는 표현이에요. 예를 들어 a woman in blue라면 '푸른 옷을 입은 여성'이 되겠지요.

"Ed Wishbone?"

불완전한 문장   참고로 Ed의 성인 Wishbone은 추수감사절에 구워먹는 칠면조의 가슴 위에 붙어 있는 뼈를 말해요. 두 갈래로 갈라진 가는 뼈가 V자 형태로 연결된 모양을 하고 있어요. 보통 두 사람이 소원을 빌면서 이 뼈의 양쪽을 동시에 잡아당겨 부러뜨려요. 이때 두 조각으로 부러진 wishbone 중 긴 쪽을 가진 사람의 소원이 이루어진다고 해요. 단, 소원을 빌 때는 아무에게도 알리지 않아야 효과가 있다고 한답니다.

무뚝뚝하게
The man in the gray hat <u>said</u> abruptly.

A⤵ ▮▮

"Yes, that's me."

A=B

약간
Ed replied, slightly surprised.

A⤵ ▮▮   떨어져 있지만, 쉼표 이하는 Ed의 화장품이에요.

떠나다
"You have to leave this mall by tomorrow morning."

A→B   '쇼핑몰을 떠날 것(예정 중에서)을 가지고 있다', 즉 '떠나야만 한다'는 의미예요.
영어 표현은 때로는 퍼즐 같아요. 거기서 생기는 재미를 제대로 즐길 수 있으면 좋겠어요.

"Uh... pardon me?"

(A)→B   본래는 You pardon me입니다. 주인공이 생략되었으므로 명령이 되지만, 이
문장은 '(제대로 듣지 못한) 실례를 용서해주세요'라는 정중한 명령이에요. 보통의 명령
조 문장이 주인공의 지위를 낮추고 무엇을 하라고 시키는 것과는 사뭇 다르지요.

(토지의 한) 구획
"The owner of the mall has agreed to sell the lot.

A→B

허물다
Bulldozers are coming to tear down the mall tomorrow."

A=B

"I... I know nothing about this!"

A→B

"You do now."

A⤴   조금 이해하기 어렵지만 재미있는 문장입니다. 어떤 단어에나 대역을 세우는 영어의 성질을 최대한 이용하면 이런 토막 문장을 쓸 수 있어요. do는 어떤 화살표든 대역이 가능한 만능 화살표예요. 이 문장에서는 앞 문장의 know 대신 쓰였어요. 잘 모르겠다면 know로 바꿔서 읽어보세요.

파이 헤븐의 쇼윈도에 걸린 장식은 **Gingerbread Man**이라는 미국의 전형적인 쿠키 모양을 딴 인형들이에요. 이 쿠키는 생강가루, 계피 등을 넣은 밀가루 반죽을 사람 모양으로 만든 후, 설탕 옷을 입혀 얼굴과 옷을 그린 심플한 모양의 과자를 말해요. 깜찍한 장식물로 종종 사용되기도 하지요. 하지만 에드의 가게에 걸린 **Gingerbread man**은 플라스틱으로 만든 장난감이랍니다.

---

p.28 주인은 외출 중

With that said, the man in the gray hat left the shop in silence.

A→B ▮▮▮   With that said는 '어떻게'의 부록이에요. that은 앞에 나왔던 이 남자가 한 말을 가리켜요.
With는 '동반하다'라는 의미로 '의존'의 접착제지요. 즉 '그 말에 동반해서'라는 뜻이니까 다시 말해 '말을 마치자'가 돼요.

┌───┐

🐱 **Bic Fat Cat Column 3**   ~다시 말해앞 문장, 다시 말해뒤 문장~

'다시 말해'라는 설명이 붙는 경우, 단순히 결과만 외워서 매번 그 암기한 문장을 대입하면 영어의 독특한 뉘앙스를 잃어버리기 십상이에요. 그러니 될수록 '다시 말해'의 앞 문장 상태 그대로 이해하세요. 그러면 한층 다채롭고 깊은 의미를 몸으로 느낄 수 있게 된답니다. '말을 마치고 나서'란 표현은 그렇잖아도 너무 흔한 표현이잖아요? 다르게 생각해보는 연습을 많이 하면 할수록 자연스럽게 뉘앙스가 기억된답니다.

└───┘

Ed turned around and <u>found</u> the cat looking at him.

   and 연결문 (A⤵ and A→B=B′) ▮▮

"I'm in big trouble."

   A=B   I'm은 I am의 줄임형입니다. 그런데 big trouble의 in에 있다는 의미는 무슨 뜻일까요?

중얼거리다
Ed mumbled weakly.

   A⤵ ▮▮   mumbled는 들릴 듯 말 듯한 목소리로 입을 오물거리면서 말하는 이미 지예요. 차마 소리 내어 말은 못하고 중얼거리는 느낌이지요.

하품하다
The cat only yawned.

   A⤵ ▮▮

Ed picked the phone up and called the owner of the mall.

   and 연결문 (A→B and A→B) ▮▮

No one answered.

   A⤵ ▮▮   또 no를 사용한 표현이네요. 주인공은 No one. '없는 사람이 대답했다' 란 표현으로, '아무도 (전화에) 응답이 없었다'란 의미가 됩니다. no를 사용한 에두른 표현은 냉정하게 생각해보면 정말 기이해요. 따지고 보면 '없는 것이 있다(Nothing is there)', '존재하지 않는 사람이 있다(No one is there)', '없는 일이 일어났다(Nothing happen)'라는 의미잖아요. 살짝 으스스한 느낌마저 들지 않나요?

"I can't just give up.

A⤸ 부정문　just는 '그냥'이라는 의미를 화살표에 더해줘요.

The shop is all I have!"

A=B　가게=전부라는 뜻인데, '전부'라는 조연에 I have라는 화장문이 붙었네요.

_{큰소리로}　　　　_{털썩 내려놓다}
Ed said aloud and slammed the phone down.

and 연결문 (A⤸ and A→B)　▮▮

"I'm going to the owner's place to ask him about this."

A=B

_{움켜쥐다}
Ed said to himself as he grabbed his coat.

A⤸　▮▮　Ed가 주인공이고 said가 화살표입니다. to himself는 '어떻게'의 부록이고요. 자신에게 말을 걸고 있으므로 혼잣말이 되겠지요. as는 동시에 일어난 일을 나타내는 '~하면서'의 뜻입니다. 이 문장에서 as 이하는 일종의 '시간'을 나타내는 부록으로 쓰였지만, 이해하기 어려우면 as로 이어진 연결문(A⤸ as A→B)으로 생각해도 상관없어요.

"Stay here and be a good cat."

and 연결문 (A⤸ and A=B)　and 앞뒤의 문장들은 모두 명령조예요. 사라진 주인공은 고양이고요. 명령조 문장에서는 원래라면 문장의 첫머리에 나오므로 가장 중요하게 여겨지는 주인공을 사라지게 하여 주인공의 지위를 낮추는 대신 행동을 나타내는 화살표를 첫머리에 두어 '중요한 건 행동'이라는 뉘앙스를 강조한답니다. and 뒷부분은 우리말이라면 '얌전히 있어' 정도의 뜻이 되지 않을까요.

Ed <u>told</u> the cat and <u>went</u> out of the front door.

and 연결문 (A→B / (B') and A⤴) ▮▮ and 앞부분은 두 번째 조연인 B'가 생략된 문장 형태예요. 생략된 조연은 앞 문장의 대화문 전체로, 에드가 말한 내용을 가리켜요. 이처럼 대화문의 앞뒤에서는 대화를 조연으로 한 문장이 자주 쓰이므로 기억해두면 편리합니다.

The cat frowned.

A⤴ ▮▮

의아하게 여기다
It was wondering about its dinner.

A=B It은 the cat의 대역이에요. its는 'it의', 즉 'the cat의'를 말해요.

━━ p.31 사우스 에버빌을 향해 ━━

Ed <u>took</u> the bus to the south side of town.

A→B ▮▮ to the south side of town은 '장소'를 나타내는 부록입니다. bus는 탈 것이므로 ride를 써도 되지만, take를 써도 돼요. 타기 전과 타고 난 뒤, 그 버스의 '이동 시간'이 순식간이었음을 표현하고자 할 때 take를 쓰는 경향이 있어요. take를 쓰면 단순히 '버스에 탄다'기보다 수많은 버스 행로 중에서 '이 버스의 행로를 가졌다(선택했다)'는 의미가 담겨 있지요.

사람들
This was the place where the rich folks lived.

A=B This는 앞 문장의 the south side of town의 대역이에요. where 이하는 조연 the place에 붙은 화장문이고요.

Ed <u>found</u> the mansion where the owner lived but no one answered the doorbell.

> **but 연결문 (A→B but A→B)** 　　mansion은 한 가구가 사는 대저택을 말해요.
> where the owner lived는 the mansion을 구체적으로 설명한 화장문이고요.
> but 뒷부분에서, 주인공인 no one은 이제는 친숙한 '보이지 않는 투명한 대역'이지요.

> 에버빌 남부에는 고급 주택가가 펼쳐져 있어요. 미국의 집들은 대부분 규모가 크지만, 우리가 생각하듯 엄청난 재력을 지닌 대부호가 살고 있는 것은 아니에요. 비즈니스에 종사하는 검소한 백인들이 대다수를 차지하지요.

p.32 고급 주택가에서 바람맞다

Ed tried again.

> A↩ ▐▐

But again, no answer.

> 불완전한 문장

Ed decided to wait for the owner.

> A→B ▐▐

The sidewalk was very cold and the wind was strong but Ed waited.

> **and-but 연결문 (A=B and A=B but A↩)**　　and나 but같이 문장을 서로 이어주는 단어가 여러 개 나오는 긴 문장이에요. and나 but을 사용하면 이처럼 얼마든지 문장을 이어갈 수 있지요.

And waited...

...and waited...

...and waited.

> **and 연결문 (and A⤸... and A⤸... and A⤸)** ▮▮ waited라는 동작을 계속하고 있
> 는 사람은 Ed예요. and를 여러 번 써서 에드가 기다리고 또 기다리고 있는 모습을 전하
> 고 있어요.

But no one came home.

> A⤸ ▮▮ '존재하지 않는 사람이 돌아왔다', 즉 '아무도 돌아오지 않았다'라는 의미
> 지요.

It became dark and the temperature dropped.
^{기온}

> **and 연결문 (A=B and A⤸)** ▮▮ 주인공 It은 막연한 '시간'을 나타내는 It이에요. 이
> 문장에서는 주변이 '어두워진' 시간의 주위 상황 전체를 포함해서 It으로 표현했습니다.

Ed's hands were very cold.

> A=B

He couldn't feel them.

> A→B 부정문 ▮▮ He는 Ed의 대역이고, them은 Ed´s hands의 대역입니다.

 미국에서 인상적인 것은 역시 도로지요. 편도 2차선, 3차선은 기본이고, 더 넓은 도로도
많아요. 드넓은 도로가 끝도 없이 앞으로 뻗어 있지요. 에드가 현재 서 있는 주택가의
도로도 아이가 건너기에는 부담스러운 넓이지요. 그러나 교통량 자체는 매우 적어서,
10분 동안 한 대의 차도 지나가지 않을 때가 많답니다.

It had been only six months since he opened Pie Heaven.

A=B　　It은 '시간'의 대역으로 이미 친숙한 It이지요. since he opened Pie Heaven은 '시간'의 부록입니다.

True, **it was a small store in a deserted part of town, but it was** still his dream.

인적이 끊긴

but 연결문 (A=B but A=B)　　▮▮　　이 문장에서도 다음 문장에서도 it은 모두 Pie Heaven의 대역입니다.

It was all he had.

A=B　　he had는 all의 화장문이지요.

Rain started to fall somewhere around midnight.

A→B　　▮▮　　somewhere around midnight은 '시간'의 부록입니다. midnight는 '한밤중'으로 주로 해석하지만, 사실은 매우 구체적으로 '밤 12시'라는 시각을 가리키는 단어예요. somewhere는 -where라는 부분에서 알 수 있듯이, 장소를 나타내는 단어입니다. '밤 12시쯤에'라는 의미를, 의도적으로 '12시쯤의 어디선가'라는 장소의 표현으로 나타내고 있어요.

Ed was freezing.

A=B　　Ed froze라면 에드가 얼음처럼 꽁꽁 얼어붙었다는 의미로, 그렇게 되는 '과정'을 나타내는 표현은 Ed was freezing이겠지요. 실제로 cold로는 표현할 수 없을 만큼 사무치는 추위를 관용 표현으로 freezing이라 쓴답니다.

But he did not give up.

A⤴ 부정문　　▮▮

계속하다
He continued to wait.

A→B

He realized he was very hungry.

A→B   조연은 he was very hungry라는 전체 문장이에요.

생각나게 하다   있다   먹이를 주다
And that reminded him that he had forgotten to feed the cat.

A→B / B'   앞에 나오는 that은 앞 문장 전체의 대역입니다. 앞의 that이 에드
에게 생각나게 한 내용은 바로 뒤의 that 이하 부분이지요. 이 문장을 색깔로 구분하면
다음과 같아요.

he had forgotten to feed the cat

잠시 동안
He imagined the cat crying for food and briefly thought about going home, but finally shook his head.

and-but 연결문 (A→B=B' and A⌐ but A→B)   and와 but으로 짧은 세 문장
을 이은 긴 문장이에요. crying하고 있는 것은 고양이겠지요.

He wanted to get some food but decided that he wouldn't eat because
~도 또한
the cat hadn't eaten either.

but 연결문 (A→B but A→B)

p.35 도망간 주인

And then it became morning.

A=B   이 문장에서 it은 이제는 많이 친숙해진 '시간'의 대역인 it입니다.

Still nobody came.

A↪ ▮▮ 주인공 nobody는 no one과 마찬가지로 '존재하지 않는 사람'을 나타냅니다. 하지만 둘 사이에 약간 뉘앙스의 차이가 있어요. one은 대역으로도 친숙한 단어이고, no one came이라면 일단 그 장소에 나타날 법한 사람이 '나타나지 않은' 것을 표현해요. 이에 비해 nobody came은 -body라는 몸을 의미하는 애매한 표현에서도 알 수 있듯이, 막연하게 '사람이 안 온다'를 가리키지요. 사람의 그림자 하나 보이지 않는 쓸쓸한 분위기가 감도는 걸 상상해보세요.

^{피곤한}   ^{낙담한}
Completely exhausted and discouraged, Ed finally thought of looking through a window inside the owner's mansion.

A↪ ▮▮ Completely exhausted and discouraged는 에드의 상태를 나타내는 화장품입니다. 단독으로 앞에 놓여 의미를 강조하고 있어요.

It was empty.

A=B It은 앞에 나온 inside the owner's mansion의 대역입니다.

^{가버린}
The owner was long gone.

A=B 문장은 등호문이지만 여기서 long한 것은 the owner가 아니에요. the owner가 long하다면 이상한 뜻이 되어버려요. 이 문장에서 long한 것은 물론 시간이지요. long(time ago)에 gone해버렸다는 의미랍니다.

^{도망치다}   ^빚
He had probably run away to escape from debt.

A↪ ▮▮ away는 어느 곳에서부터 '멀어지는' 것을 말해요. 이 문장에서는 장소가 아닌 'debt'로부터 급히 도망쳐 멀리 갔다는 뜻이에요.

^{흐르다}
Tears streamed down Ed's face, but it was all too late.

but 연결문 (A↪ but A=B) ▮▮ Tears는 '찢다'라는 동작을 뜻하는 것이 아니라 '눈물'을 의미하는 주인공입니다. too는 무언가 과도한 상황을 표현하는 화장품으로, 조연인 late를 더 자세히 설명해줘요. 따라서 단순히 '늦다'가 아니라 '너무 늦다'가 되는 거지요. 또 all을 붙여 더 강조하고 있어요. late → too late → all too late. 즉 늦어도 너무 늦어서 돌이킬 수 없이 '늦은 것'을 말합니다.

it은 '시간'의 대역이에요.

Ed took the morning bus home.

A→B 　　　home은 '집으로'라는 방향을 나타내는 '장소'의 부록입니다.

 우리나라에서 시내버스는 시민들이 이용하는 대표적인 대중교통 수단으로, 아이 혼자서 타도 별 걱정이 없지요. 하지만 미국의 상당수 마을에선 버스가 위험한 것으로 알려져 있어요. 대부분 자가용으로 이동하는 미국에서 버스는 일반적으로 저소득층이 이용하다 보니, 버스 안에서 범죄가 끊이지 않는 것이 사실이에요. 게다가 차체가 낡고 불결해서 버스를 기쁜 마음으로 타는 사람은 거의 없어요.

---

p.36 돌아온 에드

나타나다　　　~와 나란히
In the early morning light, The New Everville Mall appeared alongside the road.

A⤾ 　　　In the early morning light는 '시간'의 부록도, '장소'의 부록도 돼요.

Ed looked at it in silence from the bus window.

A⤾ 　　　it은 The New Everville Mall의 대역이에요. in silence는 '어떻게'의 부록이고요. from the bus window는 '장소'의 부록입니다.

~일지도 모른다
For a moment, Ed wondered if he might someday be able to open a store inside the New Mall.

A→B 　　　if 이하가 이 문장의 조연입니다. if 다음의 내용이 실현될 날이 올지, 안

올지 에드가 wonder하고 있어요.

Ed mumbled and <u>shook</u> his head.
흔들다

  and 연결문 (A↺ and A→B) ▮▮

사라지다   뒤에   산허리   ~쪽으로
The New Mall disappeared behind a hillside and the long road towards
뺐다
the old town stretched out in front or the bus.

  and 연결문 (A↺ and A↺) ▮▮   and 앞뒤에 나오는 문장 모두 주인공이 사람이 아
  니라 '쇼핑몰(The New Mall)'과 '도로(the long road towards the old town)'라서
  '어?'하고 의아해했을지도 모르겠네요. 우리말에도 '쇼핑몰이 사라져 갔다', '길이 뻗어
  있었다'라는 표현이 있어요. 그러나 실제로 쇼핑몰이 사라지고 길이 뻗어나갈 리는 없지
  요. 쇼핑몰이 시야에서 멀어지고 길이 앞으로 쭉 이어진 상황을 은유적으로 표현한 것이
  에요. 우리말에도 영어에도 '길이 뻗어 있다'는 표현이 있다는 사실은 참 흥미롭습니다.

 36쪽 그림의 왼쪽 뒤편에 보이는 작은 건물이 뉴 에버빌 몰(New Everville Mall)이에요.
아웃사이드 몰(Outside Mall)을 대신하여 생긴, 교외에 위치한 대형 실내몰이지요. 주차
창이 건너편 길에서는 보이지 않을 만큼 넓고, 실내 전체에 냉난방 시설이 구비되어 있
으며 아이스링크까지 완비된 거대한 쇼핑몰도 있어요.

p.37 그래도 가게는 그만둘 수 없어

Ed <u>sat</u> silently.

  A↺ ▮▮

비교하다
Outside Mall was nothing compared to The New Mall, but he loved it
 anyway.

84

but 연결문 (A=B but A→B) ▮▮▮ it은 Outside Mall이에요. 이 문장 뒤에 나오는 두 문장의 it도 마찬가지고요.

It was still his dream.

    A=B

결심하다
He was determined to save it.

    A=B

돌다
The bus rounded one final corner and the lake appeared on the left.

    and 연결문 (A→B and A↺) ▮▮▮

In a moment, Outside Mall would show up on the same side.

    A↺ ▮▮▮

Ed started to get up.

    A→B ▮▮▮ get up은 직역하면 '위를 얻다'로 즉 '일어나다'의 뜻이 됩니다. 몸이 위로 당겨 올려지는 동작을 연상해보세요. 이런 애매한 표현은 앞뒤 문맥을 읽고 파악하는 것이 중요해요.

And stopped.

    (A)↺ ▮▮▮ 본래는 앞 문장과 붙여야 하지만, 강조하기 위해 문장을 잘랐어요. 당연히 보이지 않는 주인공은 Ed지요.

"Oh my God..."

    불완전한 문장 Oh my God!을 '신이시여!'라고 해석하기도 하지만, 실제로 종교적인 의미는 별로 없어요. 그저 관용구라고 생각하면 돼요. '이런 일이 일어나다니!' 정도의 뉘앙스가 괜찮을 듯.

속삭이다
Ed whispered.

A↩ ▮▮

비틀거리며 걷다
He staggered towards the door as the bus pulled up to the bus stop.

A↩ ▮▮   as 이하는 '시간'의 부록으로, 동시에 일어난 상황을 설명해요. as로 이어지는 두 번째 문장이라고 생각해도 돼요. 하나의 문장이라고 보면 문장 형태는 A↩가 되지요. as 이하를 색깔로 구분하면 다음과 같아요. as the bus pulled up to the bus stop. pull up은 '끌어당기다'로 '가까이 대다'란 의미랍니다.

"No... no!!"

불완전한 문장   어떤 특정한 대상을 부정하는 것은 아니에요. 눈앞에 일어난 기막힌 현실을 부정하고픈 마음에서 흘러나온 No지요.

 우리말에서는 '사랑한다'는 말을 어색하게 여겨서인지 자주 사용하지 않지만, 영어는 like보다 한층 더 깊은 감정을 표현할 때 흔히 쓰여요. '기도하다'란 의미인 pray도, 우리말로는 비일상적인 표현이지만, 영어에서는 '간절히 빈다'는 의미로 자주 사용합니다.

> p.40 고양이는 어디에?!

"Cat! Oh my God! Caaatttt!!"

불완전한 문장

Ed ran straight to the store, completely forgetting about everything else.

A⤴ ▮▮ straight to the store는 '장소'의 부록이에요. completely forgetting about everything else는 에드의 상황을 상세하게 설명해주는 화장문이고요. 너무 길어서 Ed의 바로 뒤에 붙지 않고, 마지막에 붙었어요.

"Cat!! Where are you!?

A=B 원래의 문장은 You are where이지만 '어디'를 강조하기 위해 where를 첫머리에 둔 거예요.

Get out of there!"

(A)⤴ 주인공의 위치를 낮추고 해야 할 동작을 우선시할 때 사용되는 명령조 문장이지요.

A bulldozer started to tear into the outside wall of Pie Heaven.

A→B ▮▮

Several men noticed Ed running towards the shop and cried out in surprise.

and 연결문 (A→B=B' and A⤴) ▮▮ Several men은 공사 관계자들을 말해요.

> **p.41 고양이를 구출하기 위해 위험 속으로**

"Hey! You! What are you doing?

A=B 이 문장도 순서가 바뀐 문장이에요. 원래는 You are doing what이지요. 그러나 실제로는 이런 형태로 쓰이지 않아요.

Somebody stop him!"

A→B   ! 마크로 알 수 있듯이, 그 장소에 있는 사람에게 큰소리로 외치는 문장이에
요. 외침을 듣는 사람은 주인공인 'Somebody'지요. '누구든 상관없이' 누군가 그렇게 해
주길 명령하는 것이에요.

특정 인물을 가리킨 것이 아니므로 somebody를 생략하여 명령조 문장으로 생각해도
돼요. 하지만 여기서 강조하고자 한 진짜 사실은 stop him할 수 있는 확실한 사람이 없
기 때문에 somebody라는 단어를 쓴 것이에요.

^{필사적으로} ^{팽개치다}
A worker <u>caught</u> Ed by the arm, but Ed desperately <u>flung</u> it away.

but 연결문 (A→B but A→B) ▐▌   but 앞부분에 나오는 by는 '의존'의 접착제예요.
'에드의 팔'에 의존해서 에드를 붙잡았다는 의미지요.

^{무너지다} ^{안쪽으로}
The sidewalls were collapsing inwards.

A=B

Ed <u>ran</u> into the shop and <u>found</u> the cat sleeping on the showcase.

and 연결문 (A⤴ and A→B=B') ▐▌

^{저녁식사}
It had <u>eaten</u> most of the pies for yesterday's supper.

A→B ▐▌

p.42 에드와 고양이, 위기일발!

^{돌진하다}
Ed grabbed the sleeping cat and dashed back to the front door.

and 연결문 (A→B and A⤴) ▐▌

The surprised cat tried to get away but Ed held on tightly.

> but 연결문 (A→B but A↺) ▮▮

Just before the whole building crashed down, Ed tumbled out of the shop.
<small>넘어지다</small>

> A↺ ▮▮ Just에서 쉼표까지는 '시간'의 부록입니다. Just가 붙어서 위험이 닥쳤음을 강조하고, '위기일발'이란 뉘앙스를 표현해줘요.

The cat scratched its way out of Ed's hands and ran for its life.

> and 연결문 (A→B and A↺) ▮▮ its는 앞뒤 양쪽 다 'The cat의'가 돼요. and 앞부분은 문자 그대로 고양이가 '자신이 도망갈 길을 헤치며 (만들었다)'는 의미예요. 상상력을 동원해서 장면을 떠올려보세요.

The construction workers barely managed to rescue Ed from the wreckage.
<small>간신히   구출하다</small>
<small>잔해</small>

> A→B ▮▮ managed는 이런저런 곤란한 상황을 극복하고 가까스로 결론을 이끌어낸다는 의미를 지닌 화살표예요. from the wreckage는 '장소'의 부록이고요.

---

p.43 꿈의 흔적

Several hours later, Ed sat in the parking lot of Outside Mall looking at the empty space that used to be his shop.

> A↺ ▮▮ 부록이 많은 문장입니다. Several hours later는 '시간'의 부록이고, in the parking lot of Outside Mall은 '장소'의 부록이에요. 단락의 구분이 좀 어렵지만 looking 이하는 에드의 모습을 나타내는 화장문입니다. that used to be his shop은 the empty space의 화장문으로 '(이젠 더 이상 에드의 가게가 아니지만) 한때는 에드의 가게였던'으로 파악할 수 있어요.

Ed는 자신의 가게가 이미 used to로 표현되는 상황에 처해진 것이에요.

The trucks had <u>taken</u> everything away.

    A→B   ▮▮

Ed had <u>lost</u> everything in one day.

    A→B   ▮▮   in one day는 '시간'의 부록입니다.

The Big Fat Cat <u>came</u> out from behind a pile of concrete and cautiously approached Ed.
_{무더기}   _{콘크리트}   _{주의깊게}
_{다가가다}

    and 연결문 (A↺ and A→B)   ▮▮▮   from behind a pile of concrete는 '장소'의 부록입니다. 쌓인 콘크리트 조각들의 뒤를 가리켜요.

It <u>was</u> careful because it thought that Ed would grab it again.

    A=B   because 이하는 '~이므로'라는 이유를 나타내는 문장입니다. 이 부분을 색깔로 구분하면 다음과 같아요. because it <u>thought</u> that Ed would grab it again. it은 모두 고양이예요.

Ed noticed the cat and turned around.

    and 연결문 (A→B and A↺)   ▮▮

The cat jumped in alarm.
_{놀람}

    A↺   ▮▮

p.44 에드에게 남은 것

Ed <u>said</u> weakly.

A↺　▮▮

"You know, I used to think that life was like a blueberry pie.

A→B　▮▮▮　You know는 문장 형식상으로는 '주인공＋화살표'지만, 큰 의미는 없어요. 굳이 해석한다면 '너도 알다시피'가 되지만, 기본적으로는 '뭐~'라든가 '저~' 등과 같은 의미입니다. 영어에서 아주 흔히 쓰이는 관용구로, 말이 막혔을 때 자연스럽게 쓰는 말이에요. 핵심 문장은 주인공 I로 시작하는 부분이지요.

Sometimes ^{시다}sour, but mostly ^{대개}sweet.

불완전한 문장　앞 문장에 나온 a blueberry pie의 맛을 구체적으로 표현한 화장품입니다.

But I was wrong.

A-B

...Life isn't a blueberry pie.

A=B 부정문

It's more like a mustard pie.

A=B　It은 앞 문장에 나온 life의 대역입니다. more는 like a mustard pie를 강조해요.

I've <u>lost</u> everything."

A→B　I´ve는 I have의 줄인 형태예요.

91

The cat slowly **approached Ed**, still cautious, but <u>came</u> right to his feet.

but 연결문 (A→B but A↩) still cautious는 고양이의 모습을 표현한 화장품입니다.

아옹 하고 울다
It meowed.

A↩ ▌▌ It은 앞 문장에 나온 The cat의 대역이에요. 화살표는 'meow(먀오)'라는 고양이의 울음소리를 그대로 표현한 단어이고요.

It was probably hungry.

A=B

Ed <u>found</u> **a weak smile.**

A→B ▌▌ 그대로 해석하면 '에드는 희미한 미소를 발견했다'는 뜻이겠지요.

Well...

불완전한 문장 에드의 마음을 표현한 단어입니다. 원래는 '좋다'라는 의미지만, 이 장면에서는 혼자서 중얼거린 말이에요. '그래, 됐어'라고 단념하는, 타협의 분위기를 자아내지요.

Perhaps not everything.

불완전한 문장 이 책에서 가장 어려운 문장일지도 모르겠습니다. 에드의 마지막 대화문인 I've lost everything을 받아 Perhaps (I've lost) not everything이 됐어요. 문장 형태를 엄밀히 따질 필요는 없습니다. 이 세 단어를 보는 순간, 이 말들이 만들어낸 전체적인 의미가 머릿속을 순간적으로 휘익 지나갔다면 그걸로 충분합니다. 모든 것을 잃어버린 에드에게 단 하나 남은 것이 있었지요.

…… 덩치가 크고 뚱뚱한 녀석이.

🐱 Big Fat Cat의 영어 간식

지금부터는 조금 어려워집니다.
하지만……
이야기를 이해하는 데 꼭 필요한 내용은 아니므로
머리 싸매고 읽지 않아도 됩니다.

지금부터 다룰 내용은 어디까지나 '심심풀이 간식'이랍니다.
맛은 있지만, 과식은 금물이죠.
욕심을 부리다간 머리가 무거워질 수도 있어요.
그래도……
영어를 좋아하고, 영어에 대해서 좀 더 알고 싶다면
여기서 소개한 내용에 도전하시기 바랍니다.
충분히 소화한 다음에는
자신감을 갖고
영어의 묘미를 맛볼 수 있는 날이 올 거예요.
모른다고 해서 곤란한 일이 생기지는 않지만,
알고 있으면 더욱 영어가 맛있어집니다.

그럼, Candy Shop으로 들어와 보시겠어요?

무대 뒤쪽을 살짝 들여다보자

영어는 정말 깊이 있고 재미있는 언어입니다. 알면 알수록 즐길 거리가 가득한 비밀스런 보물섬이지요. 겉으로 드러난 의미뿐 아니라 숨겨진 의미도 많이 지니고 있는 언어예요.

예를 들어 다음 두 문장은 거의 차이가 없는 듯하지만, 사실은 어떨까요?

The cat scratched Ed.
The cat had scratched Ed.

우리말로 옮기면 어느 쪽이나 '고양이가 에드를 할퀴었다'가 돼요. 그러나 영어로는 이 두 문장이 확실히 다른 의미를 전해준답니다. 아래 문장이 위의 문장보다 과거에 일어난 일임을 나타내요.

영어에는 이처럼 숨겨진 뉘앙스가 많이 있어요.

〈Big Fat Cat의 영어 간식〉에서는 여러 문장 형태를 다루면서 이런 영어의 '무대 뒤쪽'을 소개할 예정이에요. 이야기를 읽는 데 꼭 필요한 내용은 아니에요. 굳이 암기하지 않아도 꾸준히 영어책을 읽다 보면 자연스럽게 알 수 있어요. 그러니 어깨에 힘을 빼고 호기심 어린 눈으로, 가벼운 마음으로 읽어주세요.

그럼 이제 〈시간 설정〉에 대해서 살펴봅시다. 어떻게 아래 문장이 위의 문장보다 과거에 일어난 일임을 알 수 있을까요?

화살표의 표준형은 어떤 형태?

영어의 〈시간 설정〉을 알려면 화살표 부분에 주목해야 해요. 언제 일어난 일이냐에 따라 화살표는 세 가지 형태로 살짝 변화해요. 예를 들면 scratched는 had scratched나 used to scratch로 변화해요. 그래서 이 변화의 형태를 기억하고 있으면 문장을 보자마자 언제 일어난 일인지 알 수 있어요.

그러나 그전에 확실히 해두어야만 할 것이 하나 있어요.

화살표의 제1표준형은 정확히 말하면 사전에 실린 형태예요. scratched를 예로 들면, 사전에 실린 형태는 단순히 scratch랍니다. 그러나 의외로 사전에 실린 형태가 그대로 문장에서 쓰이는 경우는 별로 없어요. 왜냐하면 사전에 실린 형태는 '현재'를 나타내는 형태이기 때문이지요.

의외로 놓치기 쉬운 부분이지만, 대부분의 문장은 쓰는 시점이 기준이 되므로, 기본적으로 '과거에 일어난 일'을 나타내요. 지금 현재 일어나고 있는 일을 경험하면서, 동시에 문장으로 쓸 수는 없기 때문이에요. 제아무리 멀티태스킹이 가능한 초인이라 해도 불가능할 거예요. 슈퍼맨도 안 될걸요. 그러므로 '사전형'이 현실에서는 거의 쓰이지 않는다는 점을 기억하세요.

따라서 화살표를 사용할 때는 '사전형'에 '과거'를 나타내는 'ed'를 붙이는 것이 일반적입니다. 가령 scratch라면 scratched가 되지요.

이 '사전형+ed'의 형태를 이 책에서는 화살표의 〈컬러모드〉라고 부르기로 하겠습니다. 왜 〈컬러모드〉가 되는지는 바로 다음 항목에서 설명할게요.

화살표의 변형 : 제1변형 〈컬러모드〉

문장이란 어느 순간을 포착해서 찍은 한 장의 사진과 같아요. 예를 들어 The cat scratched Ed라는 장면을 연기하고 있고, 그 순간을 카메라로 찍었다면……

다음과 같은 사진이 나오겠죠?

컬러모드는 가장 일반적인 모드

그야말로 The cat scratched Ed라는 순간을 포착했어요.

지금 막 일어난 일을 찍었으므로, 기억도 생생하고 빛이 바래지 않지요. 현실 세계에서 사진이라면 일반적으로 컬러사진이듯, 영어 문장도 대부분 〈컬러모드〉의 화살표로 써요. 단 아무리 최근에 일어난 일이라고 해도, 사진은 결국 과거의 일이 된다는 것을 잊지 말아야 해요.

이것이 바로 화살표가 맨 처음 변화하는 형태인 '사전형+ed'의 〈컬러모드〉입니다. 영어 문장에서 가장 많이 보이는 〈시간 설정〉이지요.

별종 화살표에 대해서

화살표 중에는 ed를 붙일 수 없어서 별도의 형태로 모양이 변화하는 화살표도 있어요. 예를 들어 come은 come +ed가 아니라 came이 돼요. 규칙이 통하지 않는 별종 같은 존재들이므로, 이런 형태를 두고 기억하기 쉽게 〈별종 화살표〉라는 이름을 붙였어요. 그리고 알기 쉽도록 아래 문장처럼 밑줄을 그었습니다.

Still nobody came.

화살표의 변형 : 제2 변형 〈흑백모드〉

또 하나 자주 보이는 화살표 형태로는, 사전형+ed 앞에 'had'를 붙여서, 'had scratched'라고 쓰는 〈흑백모드〉가 있어요. 〈흑백모드〉는 〈컬러모드〉보다 더 먼 과거에 일어난 일을 찍은 사진이에요.

흑백모드는 산뜻한 느낌은 없지만,
강한 인상을 남겨요.

또 〈흑백모드〉는 화살표로 인해 일어난 일을 강조하는 느낌이 강해요. 〈확실히 ~했다〉와 같은 표현이 되는 것이지요.

그럼 언제 〈흑백모드〉를 쓸까요? 예를 들어 누군가가 방금 전에 일어난 일을 〈컬러모드〉 문장으로 썼다고 해봅시다. 그 문장 중에 '그리고 보니 3년 전에도~'와 같이, 방금 전에 일어난 일보다 더 먼 과거의 이야기를 쓰려면, '3년 전'의 일은 화살표를 '흑백모드'로 바꿔야 해요.

이처럼 '흑백'은 '컬러'의 시점에서 봤을 때 더 먼 과거의 일을 말할 때 써요.

이 책에서 예를 든다면, 본문 20페이지의 첫 문장이 〈흑백모드〉랍니다. 이 페이지의 첫 문장만 '흑백(had made)'으로 되어 있지만, 사실 이 페이지 전체가 회상 장면이에요. 장면 전체를 '흑백'으로 표현해도 되지만, 그러면 지루하게 느껴지므로 의도적으로 '흑백'은 첫 문장만 사용했어요. 이런 수법은 영어에서 자주 쓰여요.

화살표의 변형 : 제3변형 〈세피아모드〉

화살표의 세 번째 변화는 조금 바뀐 형태입니다. 'used to 사전형', 즉 used to scratch 등으로 표현되는 〈세피아모드〉지요. '세피아'란 보랏빛이 살짝 도는 갈색 톤의 색을 말해요.

세피아모드도 과거에 일어난 일을 표현하지만, 세피아모드로 쓴 문장은 상당히 빛이 바래서 어딘가 아련한 분위기를 풍겨요.

세피아모드로 촬영한 사진은 어딘가 아련해요.

컬러사진과 흑백사진이 단순히 '기록사진'인 데 비해, 세피아사진은 추억이 깃든, 아련한 '기념사진'이지요. '컬러'와 '흑백'은 단순한 '기억'이지만, '세피아'에는 말하는 사람의 감정이 들어가 있기 때문이에요.

우리말 표현도 과거를 되돌아볼 때, '고양이가 에드를 할퀴었다'라고 말하는 것과 '고양이가 에드를 자주 할퀴곤 했었지……'라고 말하는 것은 느낌이 전혀 다르잖아요. 앞 문장이 사실을 단순히 있는 그대로 서술했다면, 뒤 문장은 그 내용에 뭔가 특별한 추억이 담겨 있는 듯한 느낌을 줘요.

인간에게는 과거에 일어난 일에 대해 생생하게 기억하고 있는 과거와 실제로 '이미 과거'가 된 일을 자연스럽게 구분해서 생각하는 습성이 있어요. '세피아' 문장은 '한때 그랬다'는 의미를 강조하고 있으므로, 동시에 '지금은 다르다'란 의미도 포함하고 있는 거지요. 마음속에서도 '이미 과거'가 된 일, 결코 돌이킬 수 없는 시간······. 이것이 '세피아', 즉 'used to 사전형'으로 표현하는 과거랍니다.

앞의 두 형태에 비해서 좀 이해하기 어려울까요? 하지만 이 이상 설명하는 것보다는 실제로 본문 중에서 세피아모드 문장을 볼 때마다 어떤 경우에 사용했는지 확인하면 쉽게 알 수 있을 거예요.

문장에는 설명과 법칙만으로는 감을 잡을 수 없는 부분들이 있어요. 하지만 결코 어렵지는 않아요. 반복해서 읽다 보면 저절로 알게 되니까요. '암기하자'라고 부담 갖지 말고 그저 자연스럽게 이야기를 즐기세요. used to라는 말을 듣기만 해도 아련한 기분에 젖을 날도 그리 멀지 않았답니다.

정리

여기서 앞서 말한 3개의 〈시간 설정〉을 한 번 더 정리해봅시다. 화살표가 어떤 형태냐에 따라 문장은 1) 지금보다 전에 일어난 일, 2) 더 먼 과거에 일어난 일, 3) 돌이킬 수 없는 과거로 구분돼요.

[1. 컬러모드]
(사전형＋ed)
단순히 과거에 일어난 일. 가장 많은 일반적 형태.

[2. 흑백모드]
(had 사전형＋ed)
컬러모드보다 더 먼 과거에 일어난 일. 회상 장면 등에서 써요.
컬러모드보다 사건을 강조하고요.

[3. 세피아모드]
(used to 사전형)
센티멘털한 과거. 돌아갈 없는 날들.
어딘지 아련한 느낌을 주는 표현.

이미 잘 알겠지만, 서두에 소개한 두 문장,

The cat scratched Ed.

The cat had scratched Ed.

는 앞 문장이 사전형 scratch +ed로 〈컬러모드〉, 뒤 문장이 사전형 +ed 형태에 had를 덧붙여서 had scratched로 〈흑백모드〉입니다. 그러므로 뒤 문장이 앞 문장보다 더 먼 과거에 일어난 일이 되지요.

이 책을 다시 읽을 때는 꼭 세 종류의 화살표 〈모드〉를 의식하면서 읽어보세요. 왜 이 문장은 이 모드로 썼을까 하고 그 이유를 생각하다 보면 새로운 것이 보일 거예요.

참고로 해설편에서는 모드별로 세 종류의 마크를 표시해서 〈시간의 설정〉을 한눈에 알아볼 수 있도록 했어요. 단, 이 책에서는 등호문에는 모드 마크를 붙이지 않았어요. 영어 읽기에 익숙해지면 〈시간의 설정〉을 의식해서 캐릭터의 과거에 대한 추억을 함께 공감하며 읽어보세요. 잘 모르겠다고 해서 실망할 필요는 없어요. 다 '시간'이 해결해줄 테니까요. 천천히 걸어갑시다. 오늘내일 되는 영어라면 누구나 쉽게 정복했을 거예요.

컬러모드   흑백모드   세피아모드

Big Fat Cat의 디저트

이 페이지가 이 책의 마지막입니다.
마지막까지 읽어주신 여러분께 진심으로 감사드립니다.
감사의 마음을 담아 작은 선물을 준비했어요.

바로 에버빌 지도입니다.
여유가 있다면 이런저런 상상을 하면서 지도를 들여다보시길.

아웃사이드 몰⋯⋯.
어디에 있을까요?

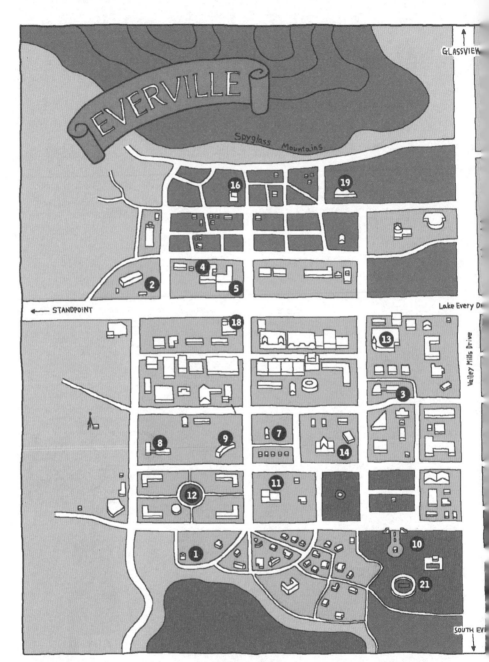

1. Baptist Church
2. Bus Depot
3. Central Post Office
4. City Hall
5. Courthouse
6. Deserted Railroad Line
7. Everville Elementary School
8. Everville High School
9. Everville Junior High School
10. Everville Park
11. Everville Park Hospital
12. Everville-Standpoint Community College
13. Everyday Community Bank
14. First Church of Everville

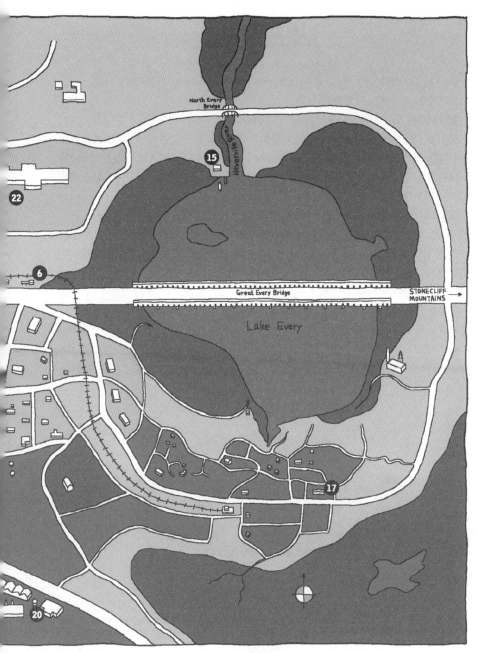

15. Lake Every Boat Ramp
16. Old Everville Cinema
17. Outside Mall
18. Police Station
19. Rushrow Museum of Mining

20. South Factory Ward
21. Standpoint Stadium
22. The New Everville Mall

1권을 끝내며

Big Fat Cat 시리즈 제1권, 〈Big Fat Cat and the Mustard Pie〉가 재미있었나요?
어려웠나요? 아니면 너무 쉬웠나요?

영어 카페에 오셔서 꼭 소감을 들려주시면 좋겠습니다.

Big Fat Cat 시리즈는 앞으로도 영어 표현을 익히면서 즐길 수 있는 이야기를 소개할 예정
이랍니다. 두 번째 이야기 〈Big Fat Cat Goes to Town〉에서는 한순간에 모든 것을 잃어버린
에드가 Big Fat Cat과 함께 꿈을 찾아 여행을 떠납니다. 여러분도 에드와 고양이와 함께 여행
을 떠나 보실래요?

〈Big Fat Cat의 영어 간식〉 코너에서 〈시간의 설정〉에 대해 심도 있게 다루었는데요, 물론
잘 몰라도 이야기를 읽는 데는 아무런 지장이 없어요. 하지만 알고 읽으면 한층 이야기를 즐길
수 있을 겁니다. 앞으로 나올 책들에서도 여러분을 재미있는 영어의 세계로 안내할 영어에 관
련된 흥미진진한 이야기들이 펼쳐집니다. 약간씩 어려워지는 느낌을 받을지 모르겠지만, 재
미가 없다면 영어가 아닙니다.

가볍고 편한 마음으로 한 걸음씩 나아가기로 합시다!

걱정 마세요. 우린 함께 있으니.

Takahiko Mukoyama · Tetsuo Takashima · studio ET CETERA

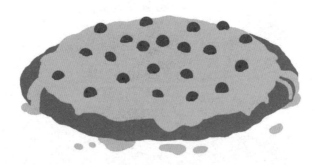

이 시리즈는 영문법 교재가 아닙니다. 학습서도 아닙니다. '영어 읽기'를 최우선 목표로 삼고 쓴 책입니다. 몸으로 체험하고 느낄 수
있도록 기존 영문법과는 조금 다른 해석을 실은 부분이 있습니다. 어디까지나 이제 막 영어 읽기를 시작하는 학생들의 이해를 돕기
위해서 의도적으로 도입한 장치들입니다.

옮긴이의 말

끝까지 읽을 수 있는 영어책

알파벳만 보면 주눅이 들거나 심지어 '영어'라는 단어조차 부담스러운 사람. 솔직히 말해 저도 그런 사람입니다. 그러나 Big Fat Cat 시리즈를 한 권이라도 읽어본 분이라면 누구나 알겠지만, 이 책은 바로 그런 사람들을 위한 책입니다.

누구나 책꽂이에 영어 원서가 몇 권씩은 꽂혀 있을 것입니다. 그 책들 중에서 줄거리가 궁금해서 끝까지 읽은 책이 한 권이라도 있을까요……? 밑줄까지 그어가며 노력하다 중도에 포기한 책이 대부분일 것입니다.

Big Fat Cat의 가장 큰 매력은 '재미'를 최대한 고려했다는 점입니다. 저자도 강조하지만 이 책은 학습서이기 전에 영어로 된 소설입니다. 어려운 문법 용어나 본문의 우리말 해석은 어디에도 없어요. 마음을 열고 먹보 고양이와 에드와 함께 본문과 해설을 읽다 보면 어느새 영문을 그 자체로 파악하게 됩니다. 저자는 영어에 대한 깊은 이해를 바탕으로 문법의 벽을 뛰어넘는 방법을 일러줍니다. 또 단어들의 뉘앙스와 이미지를 캐릭터를 통해서 일깨워줍니다. 영어를 하나의 스토리 안에서 이해할 수 있도록 잘 짜여져 있어서 한 장 한 장 읽어나갈수록 재미의 깊이가 점점 더해지는 느낌도 듭니다. 학습서임에도 마치 감동적인 문학 작품을 번역하는 듯한 기분을 느낀 것도 그 때문이 아닌가 합니다.

총 일곱 권으로 구성된 이 시리즈는 다음 권으로 넘어갈 때마다 난이도가 점차 높아지지만 그다지 부담스럽지 않고 해설을 읽으며 조금만 노력하면 누구나 끝까지 읽을 수 있습니다. 옮긴이로서 독자들보다 한발 앞서 이 책들을 읽은 저도 현재 영어 소설책을 한 권 사놓았습니다. 바로 테이프가 달린 페이퍼백인데 이 책의 목표가 바로 이것입니다. 번번이 원서의 벽에 부딪혀 중도 포기했던 분들이 그 벽을 뛰어넘고, 그래서 영어를 공부하는 것이 아니라 영어를 즐기게 되는 것.

이 책을 보기 위해 여러분이 준비할 것은 사전이나 펜 혹은 연습장이 아닙니다. 영어와 친해지겠다는 열린 마음입니다. 두려움이나 부담감은 벗어버리고 일단 1권을 펼쳐서 읽어보기 바랍니다. 더듬거리면서 읽어도 좋습니다. 단어의 뜻풀이나 삽화를 참고해도 좋습니다. 일단 끝까지 읽어봅시다. 그리고 또다시 읽어봅시다. 신기하게도 빅팻캣과 에드의 여행이 점차 흥미

진진해질 것입니다. 영어를 마스터하기 위한 비결은 설사 모르는 부분이 있더라도 우리글을 읽는다는 기분으로 끝까지 읽는 것입니다.

학교에서 쉬는 시간에 원어로 된 소설책을 읽고 있는 자신의 모습을 한번 상상해보길 바랍니다. 그 모습이 현실이 될 날도 멀지 않았습니다. 빅팻캣과 함께 영어를 즐기다 보면 어느 순간 서점에 가서 영문 소설을 들춰보고 싶은 생각이 들 것입니다. 그리고 조심스럽게 집어든 영어책의 깨알 같은 활자에 압박을 받기는커녕 그 활자를 건너뛰고 요리조리 행간을 넘나드는 여유가 생길 것입니다.

영어라면 골치부터 아팠던 독자의 한 사람으로서 자신감을 회복했다는 그 자체만으로도 이 책은 가치가 있다고 생각합니다.

영어를 못한다는 콤플렉스에 시달리는 분들에게 이 책이 꼭 읽히길 바라는 마음으로 고양이와 에드를 떠나보냅니다.

김은하

STAFF

written and produced by
Takahiko Mukoyama

기획 · 원작 · 글 · 해설
무코야마 다카히코

illustrated by
Tetsuo Takashima

그림 · 캐릭터 디자인
다카시마 데츠오

translated by
Eun Ha Kim

우리말 번역
김은하

art direction by
Yoji Takemura

아트 디렉터
다케무라 요지

technical advice by
Fumika Nagano

테크니컬 어드바이저
나가노 후미카

edited by
Will Books Editorial Department

편집
윌북 편집부

English-language editing by
Michael Keezing

영문 교정
마이클 키징

supportive design by
Will Books Design Department

디자인 협력
윌북 디자인팀

supervised by
Atsuko Mukoyama
Yoshihiko Mukoyama

감수
무코야마 아츠코(梅光学院大学)
무코야마 요시히코(梅光学院大学)

a studio ET CETERA production

제작
스튜디오 엣세트러

published by
Will Books Publishing Co.

발행
윌북

special thanks to:

Mac & Jessie Gorham
Baiko Gakuin University

series dedicated to "Fuwa-chan", our one and only special cat

Studio ET CETERA는 야마구치현 시모노세키시에서 중학교 시절을 함께 보낸 죽마고우들이 의기투합하여 만든 기획 집단입니다. 우리 스튜디오는 작가, 프로듀서, 디자이너, 웹마스터 등 다재다능한 멤버들로 구성되어 있으며 주로 출판 분야에서 엔터테인먼트와 감성이 결합된 작품을 만드는 것을 목표로 하고 있습니다.
ET CETERA라는 이름은 어떤 분류에도 속할 수 있으면서 동시에 어떤 분류에도 온전히 속하지 않는 '그 외'라는 뜻의 et cetera에서 따왔습니다. 우리들만이 할 수 있는 독특한 작품을 만들겠다는 의지의 표현이자 '그 외'에 속하는 많은 사람들을 위해 작품을 만들겠다는 소망이 담긴 이름입니다.

옮긴이 **김은하**

유년 시절을 일본에서 보낸 추억을 잊지 못해 한양대학교에서 일어일문학을 전공했다. 어려서부터 한일 양국의 언어를 익힌 덕분에 번역이 천직이 되었다. 번역하는 틈틈이 바른번역 글밥 아카데미에서 출판 번역 강의를 겸하고 있다. 주요 역서로 〈클래식, 나의 뇌를 깨우다〉, 〈지구 온난화 충격 리포트〉, 〈세계에서 제일 간단한 영어책〉, 〈빅팻캣의 영어 수업: 영어는 안 외우는 것이다〉 등 다수가 있다.

Big Fat Cat and the Mustard Pie

빅팻캣과 머스터드 파이 | 빅팻캣 시리즈 1

펴낸날 개정판 1쇄 2018년 5월 20일
　　　　개정판 6쇄 2024년 8월 29일
글작가 무코야마 다카히코
그림작가 다카시마 데츠오
옮긴이 김은하

펴낸이 이주애, 홍영완
펴낸곳 (주)윌북
출판등록 제2006-000017호

주소 10881 경기도 파주시 광인사길 217
전자우편 willbooks@naver.com
전화 031-955-3777
팩스 031-955-3778
홈페이지 willbookspub.com
블로그 blog.naver.com/willbooks 포스트 post.naver.com/willbooks
트위터 @onwillbooks 인스타그램 @willbooks_pub

ISBN 979-11-5581-165-8 14740